कितना अकेला आकाश

(यात्रा-वृत्तान्त)

भारतीय ज्ञानपीठ से प्रकाशित
लेखक की अन्य कृतियाँ
'एक समर्पित महिला' (कहानी-संग्रह)
'चैत्या' (कविता-संग्रह)
'पुरुष' (काव्य-खण्ड)

कितना अकेला आकाश

श्रीनरेश मेहता

भारतीय ज्ञानपीठ

लोकोदय ग्रन्थमाला : ग्रन्थांक 712

ग्रन्थमाला सम्पादक

रवीन्द्र कालिया

सह-सम्पादक

गुलाबचन्द्र जैन

ISBN : 978-81-263-2013-4

प्रकाशक :

भारतीय ज्ञानपीठ

18, इन्स्टीट्यूशनल एरिया, लोदी रोड

नयी दिल्ली-110 003

मुद्रक : विकास कम्प्यूटर ऐंड प्रिण्टर्स, दिल्ली-110 032

आवरण : अशोक भौमिक

आवरण-सज्जा : ज्ञानपीठ कला प्रभाग

तीसरा संस्करण : 2010

मूल्य : 45 रुपये

KITNA AKELA AAKASH
(Hindi Travelogue)
by Shri Naresh Mehta

Published by
Bharatiya Jnanpith
18, Institutional Area, Lodi Road
New Delhi-110 003

Website : www.jnanpith.net
e-mail : Jnanpith@satyam.net.in, sales@jnanpith.net

Third Edition : 2010
Price : Rs. 45

प्रस्तुति

'समय देवता' लिखते हुए विश्व भाव के कवि नरेश मेहता के मन में विश्वयात्रा की इच्छा अवश्य जागी होगी, परन्तु उनकी यह इच्छा पहली बार जीवन के उत्तरांश में तब पूरी हुई जब वे स्त्रूगा में एक विश्व कवि-सम्मेलन में भाग लेने के लिए भारत की ओर से भेजे गये। यहाँ कवि ने जो देखा, अनुभव किया उसे एक सपाट और निरुद्वेगी भाषा में नहीं, बल्कि एक महीन काव्यात्मक सौन्दर्यानुभव में व्यक्त किया है।

नरेश जी का यह यात्रा-वृत्तान्त हमें श्रीमती महिमा मेहता के सौजन्य से मिला है। भारतीय ज्ञानपीठ इस सद्भाव के लिए उनका आभारी है।

–प्रभाकर श्रोत्रिय

निदेशक

कितना अकेला आकाश

वैसे तो भारत से, तात्पर्य दिल्ली से, चार घण्टे की हवाई-यात्रा की दूरी पर इस वनस्पति- हीन, रेतीले देश में हूँ। परन्तु बुलबुल और सुधीर के कारण ऐसा विदेशपन लगता नहीं है। बालू वाली तट-रेखा की समाप्ति पर एक गहरी नीली पट्टी, रिबन जैसी क्षितिज में खिंची है और उसके ऊपर, फीके नीले रंग के आकाश का गुम्बद, ढक्कन-सा तना रखा लगता है। बालू की भू-विस्तीर्णता में पतली, काली चिन्दियों-सी सड़कें हैं जिन पर तरह-तरह के वाहन आ-जा रहे हैं। कितनी महँगी है यहाँ वह हरियाली जो इन महँगी कालोनियों में दिखलाई देती है—पैसे और साधन-सम्पन्नता की प्रतीक। युगोस्लाविया के पश्चिमी जीवन और यहाँ के जीवन में न केवल प्राकृतिकता की ही भिन्नता है पर मनुष्य और उसके अन्तर की सांस्कृतिकता में कितनी भिन्नता एवं पार्थक्य है कि ऊपर से वस्तुगत सभ्यता एक जैसी, बल्कि लगभग समान लगने पर भी सर्वथा भिन्न प्रभाव डालती है। जब केवल मनुष्य का आधिपत्य होता है तब राज्य, व्यवस्था का दबाव लगता है—नियमों और कायदे-कानून के रूप में। भले ही वह व्यवस्था, बल्कि सुव्यवस्था जैसे लगे पर आपको एक प्रकार के भय तथा कसेपन का भाव लगता है। प्रायः यहाँ, मतलब पश्चिम में भी लोग वाहन में होने पर पेटियाँ कस लेते हैं, जैसी कि विमान में कसते हैं। वस्तुतः ये पेटियाँ ऊपर से देखने पर तेज यात्रा में सुरक्षा के लिए होती है, पर लगता है ये पेटियाँ आपके स्वत्व पर भी कस

दी गयी हैं। यहाँ आप चलते हुए, घूमते हुए, सड़कों पर, फुटपाथों पर या किसी दूकान में, के बाहर भी अपने पर, अपने घूमने पर, दृष्टि तक पर कसी पेटियाँ अनुभव करते हैं। एक कानूनी दबाव बराबर लगता है जिसके कारण आप शायद पूरी तरह अपना हाथ भी ठीक से या पूरी तरह नहीं उठा या घुमा सकते हैं। जिस प्रकार विशाल, गगनचुम्बी अट्टालिकाएँ, एकदम धुली-पुँछी महँगी से महँगीतर चीजें आदमकद काँच के शो-केसों में मुँह बन्द किये चुप, आपकी ओर देखती होती है, उसी प्रकार आप भी तो एक वस्तु या चलते-फिरते जड़ व्यक्तित्व ही तो हो गये होते हैं। अन्तर क्या है? मध्य-पूर्व, जो कि इस्लाम प्रधान भूखण्ड है, केवल प्राकृतिक दृष्टि से ही रेगिस्तान नहीं है बल्कि यहाँ के लोगों, मूल्यों, जीवन-दृष्टि तथा ऐतिहासिक व्यक्तित्व तक में मार्दवहीन रेगिस्तान दिखता है। चिलचिलाता, बल्कि खूँख्वार भी। अपनी आदिम जीवन-पद्धतियों, मान्यताओं के ऐसे अमानवीय दुर्ग की उपस्थिति का भाव लगता है जिसमें केवल आतंक ही आतंक है। दुनिया में न जाने कितने परिवर्तन हुए पर यह इस्लामी मध्यपूर्व आज भी न जाने कैसे अपनी आदिमता को न केवल वहन करता है बल्कि किसी भी प्रकार के नयेपन को स्वीकार करने को तैयार ही नहीं लगता बल्कि आक्रामक रूप से अपने आदिम खानाबदोशीपन की मानसिकता को यथावत् रखे हुए है। अपनी मान्यताओं के आदिम अँधेरों में सिवा अपनी एक पवित्र किताब और पैगम्बरी हठधर्मिता के किसी अन्य विचार को अपने पास नहीं फटकने देते हैं, लेकिन क्यों? इस मनोग्रन्थि का क्या कारण है? इस्लाम क्यों इतना कट्टर है अपने आदिमपन के प्रति? इन्हें परिवर्तन से क्या भय है? ज्ञान या विचारों के क्षितिज की विस्तृति से किस बात का भय है? कब तक एक भूखण्ड, एक मानवता इस प्रकार जड़ बनी रह सकती है? क्या किसी दिन यहाँ के अँधेरों में नया प्रकाश, नये विचार प्रवेश कर सकेंगे?

□

स्त्रूगा अन्तर्राष्ट्रीय काव्य-समारोह के लिए 17 अगस्त '89 को दिल्ली के लिए 'प्रयागराज' से रवाना हुआ। न जाने क्यों मन में कोई विशेष उत्साह नहीं लग रहा था। बस, अपने को ढीला छोड़ दिया ताकि इस यात्रा की तमाम प्रक्रिया में से असंग भाव से गुजर सकूँ और शायद मेरा निर्णय ठीक ही था। उत्साह होता तो उत्तेजना होती और तब विदेश में अकेलेपन की जो स्थिति बनी, उसमें और अधिक कष्ट पाता। बस, जल की भाँति अपने को परिस्थितियों की भूमि पर डाल दिया ताकि वह धरती ही पथ, दिशा, गति आदि का निर्माण करती चले। खैर—

प्लेटफार्म नम्बर एक पर महिमा और बाबुल के अलावा शैलेश मटियानी, सत्यप्रकाश मिश्र, नीलकान्त, राधेश्याम त्रिपाठी तो थे ही, साथ ही दो-एक व्यक्ति और भी थे। गले में मालाएँ डल जाने पर खामखाँ आप अपनी दृष्टि में भी तथा लोगों की दृष्टि में विशिष्ट लगने लगते हैं, जैसे आपको रेखांकित कर दिया गया है। ट्रेन अपने ठीक समय से रवाना हुई। डिब्बे में थोड़ी गहमागहमी रही, फिर सब शान्त। केवल दो युवक जरूर काफी अभद्र थे। पर एक कश्मीरी सज्जन—स्वरूप कौल—अवश्य ही भद्रलोक थे। हालाँकि शुरू में उन्हें देखकर कुछ अच्छा नहीं लगा था चूँकि वह कभी सेना में थे इसलिए उनके व्यक्तित्व में एक कड़कपन था, जिस पर सबसे पहले ध्यान गया था और वही रुचिकर नहीं लगा था। लेकिन कालान्तर में वह बहुत बुद्धिमान निकले। साहित्य और भाषा पर, परिचय हो जाने के बाद, दिलचस्प बातें करते रहे जो कि प्रायः आम लोगों को पता ही नहीं होती। वह शायद इलाहाबाद में कभी रहते थे पर अब अपना सब-कुछ समेटकर दिल्ली जा रहे थे, हमेशा के लिए। क्या प्रत्येक को जीवन के उत्तरकाल में बसने-उजड़ने की इस मर्मान्तक प्रक्रिया में से गुजरना अनिवार्यता होती है? शायद, हाँ।

सवेरे समय से ही दिल्ली पहुँचे। टैक्सी से तारा अपार्टमेण्ट्स पहुँचा। खासी दूर है यह जगह। तभी तो टैक्सी में अस्सी रुपये लगे। सामान उठाये-उठाये दादा के अपार्टमेण्ट में ऊपर पहुँचा। हालाँकि जिस फाटक पर दादा ने मेरे सामान के लिए कह रखा था उसके बजाय मैं दूसरे ही गेट से गया था अतः थोड़ा कष्ट जरूर हुआ

श्वास का, पर आखिरकार पहुँच ही गया। मैंने तब साहित्य अकादमी के सचिव चौधुरी को फोन किया। बोले कि मैं 10.30 तक पहुँच जाऊँ। तैयार होकर दादा के साथ अकादमी गया। दादा मुझे छोड़ गये। वापसी में करीब 1.30 बजे ले लेंगे। वैसे उतरते समय मैं अपना पोर्टफोलियो गाड़ी में ही भूल गया, पर कोई हर्ज नहीं हुआ। श्री चौधुरी के सेक्रेटरी वेंकटेश्वरन ने बताया कि टिकिट आदि सब तैयार है। अब मुझे सिर्फ विदेशी मुद्रा अशोक होटल से लेनी है। मैं अपने साथ पन्द्रह हजार का ड्राफ्ट लाया था, वह दादा को दिया ताकि वह उसके बदले में रुपया दे सकें।

अकादमी से लौटकर सुरेश अवस्थी से फिर फोन पर बात हुई। सुरेश अकादमी आने वाले थे, पर नहीं आ सके थे। मालूम हुआ कि उनकी कार खराब हो गयी थी। बिना वाहन की सुविधा के यहाँ से कहीं भी जाना, लम्बी-लम्बी दूरियों के कारण असम्भव ही होता है। फोन पर ही सुरेश को बता दिया कि मैं ग्रीस नहीं जा पाऊँगा। केवल तीन दिनों के लिए इतनी भागमभाग करना तथा फ्लाइट्स की तारीखों के साथ ग्रीस का हिसाब बैठ नहीं पा रहा था अतः फिर कभी देखा जाएगा। सुरेश थोड़े दुखी जरूर हुए पर सारी बात सुनकर बोले कि—ठीक है, भविष्य में देखा जाएगा। ग्रीस तो कभी भी जाया जा सकता है। चूँकि दिन का समय था इसलिए श्रीकान्त से तो बात नहीं हो पायी परन्तु जयश्री को बता दिया। राजी सेठ से बातें हो सकीं। वह कोई लम्बी कहानी में व्यस्त हैं, पर एकाध दिन में आएँगी। इलाहाबाद से मैंने दुर्गावती सिंह को तार किया था कि मैं 21 अगस्त को टी.वी. रिकॉर्डिंग करवा सकता हूँ। उन्हें फोन किया ऑफिस में। कुछ पता ही नहीं चला। राजी सेठ से उनके घर का फोन नम्बर लिया तो वहाँ से मालूम हुआ कि वह चार-पाँच दिनों के लिए भोपाल गयी हुई हैं, अतः यह कार्यक्रम नहीं हो सका। चूँकि 22 अगस्त तक समय ही समय था सो पाकिस्तानी सीरियल 'धूप किनारे' देख डाला। 19 अगस्त की रात में बुलबुल का फोन आया। वह 22 अगस्त को फिर फोन करेगी। उसे बता दिया कि मैं 31 को सवेरे दुबई पहुँच रहा हूँ, ग्रीस नहीं जा रहा हूँ। इस बीच देखा कि 'काली कविता' का अंग्रेजी अनुवाद इलाहाबाद ही छूट गया। इलाहाबाद रमेश को फोन करना चाहा पर जब नहीं मिला तो फिर

रावल साहब को लखनऊ फोन किया। उन्होंने तब मित्तल साहब को फोन किया। उनके बेटे ने घर जाकर कविता कोरियर सर्विस से भिजवा दी, जो समय से मिल गयी।

19 अगस्त की सवेरे शाजापुर से बसन्त भट्ट आये, अपने किसी काम से। 21 अगस्त को दादा वसन्त भट्ट और बृजमोहन शर्मा के साथ अशोक होटल गये और डालर प्राप्त किया। कुल 650 डालर के यात्री-चेक तथा नोट लिये। इस बीच 'अनकही' सीरियल भी देख डाला। श्रीकान्त से दो बार फोन पर बातें हुईं। यही तय हुआ कि यात्रा से लौटकर ही मिला जाएगा। 22 अगस्त की रात में करीब 8 बजे दादा ने पूछा कि मैंने कोई गरम सूट लिया कि नहीं? जूता लिया कि नहीं? मैंने कहा कि नहीं, तो फिर उन्होंने एक स्वेटर दिया और हम लोग तब जूता खरीदने गये। उस समय तो जूता ठीक ही था पर बाद में दिल्ली से बेलग्रेड पहुँचने तक काफी कष्ट दिया। बल्कि पैर सूज गया सो उसे बेलग्रेड के बाद फिर नहीं पहना और चप्पलों से ही काम चलाया। वैसे सिवाय 30 अगस्त के जबकि वर्षा हो जाने के कारण मौसम स्कोपिया और बेलग्रेड में अच्छा-खासा ठण्डा हो गया था, तब लगा कि जूता होता तो ठीक होता, पर कुछ खास नहीं। अनुपम ने हवाई-अड्डे की सारी प्रक्रिया बता दी। साथ ही वह अपनी एक साथी नमिता दयाल से भी मिलवा लाया ताकि वह हवाई-अड्डे पर सहायता कर सके। असल में उस दिन उसने बीमारी के बहाने से छुट्टी ले रखी थी सो वह साथ में हवाई-अड्डे के भीतर नहीं जा सकता था। चलने के पूर्व रावल साहब, मालती का फोन आया। बाद में करीब 11 बजे बुलबुल और सुधीर का भी फोन आया। उन्हें बता दिया कि मैं 31 की सवेरे दुबई पहुँच रहा हूँ और ग्रीस नहीं जा रहा हूँ। मेरा वीसा तैयार करवा लिया है उन्होंने। रात 2.30 बजे जागना था, पर नींद ही नहीं आयी। तीन बजे तैयार होकर दादा/भाभी और अनुपम के साथ निकले। अनुपम तो गाड़ी में ही रहा पर दादा/भाभी जरूर दरवाजे तक आये। मैंने ट्रॉली में सामान चढ़ाया और इन दोनों से विदा ली। अब तो केवल मैं था और पहली विदेश-यात्रा का अनजाना, अनदेखा पथ, उसके अनुभव और उसकी रोमांचकता!

हवाई-अड्डे पर : दिल्ली

सबसे पहले अपने सामान की जाँच करवायी। उसके बाद बैंक वाले काउण्टर पर तीन सौ रुपये देकर विदेश-यात्रा-कर चुकाया और रसीद ली। उसके बाद फर्स्टक्लास काउण्टर पर नमिता मिल गयी। उसके कारण बाकी की प्रक्रिया सरल और आसान हो गयी। मेरा सामान सीधे बेलग्रेड के लिए बुक हो गया। अब मेरे पास केवल ब्रीफकेस रह गया। अपना बोर्डिंग-कार्ड लिया। नमिता मुझे सुरक्षा-जाँच के बाद प्रतीक्षालय के बड़े से लाउंज में छोड़ गयी। चूँकि अभी एक घण्टा था, सो वह 4.30 बजे आने को कहकर चली गयी। विदेश-यात्रा में अपना पासपोर्ट, टिकिट और मुद्रा सदा अपने ही पास होना चाहिए। ये ही आपके साथी और सुरक्षा हैं। जब पौने पाँच बज गये और नमिता नहीं आयी तथा हमारी उड़ान की घोषणा भी होने लगी तो मैंने यही ठीक समझा कि अब मैं 9 नम्बर के गेट पर चलूँ। वहाँ काफी भीड़ थी। विदेशी लोग किसी बात में संकोच नहीं करते। फर्श की कारपेट पर आम भारतीय लोगों की तरह लेटे-बैठे रहते हैं। न जाने क्यों 5.30 बजे तक भी गेट नहीं खुला। आखिरकार गेट खुलने पर बोगदे जैसे रास्ते से होते हुए अपना बोर्डिंग-कार्ड दिखाकर अपनी सीट पर बैठ गया। नमिता ने पहले ही यह सीट, जो कि खिड़की के पास थी, सुरक्षित करवा रखी थी। कोई कठिनाई नहीं हुई। जरूर ही नमिता काम से कहीं फँस गयी होगी, पर वह विमान चलने के पाँच मिनट पूर्व आयी और मेरा हालचाल पूछ गयी। बड़ी भली लड़की है। हाँ, इस बीच यह हुआ कि हवाई-अड्डे पर यात्री 20 डालर खरीद सकता है, उसकी याद ही नहीं रही। यदि ले लेता तो छोटे 'डिनामिनेशन' के नोट मिल जाते और सुविधा होती। मेरे पास 10 डालर से छोटे नोट ही नहीं थे, पर खैर–

असल में बीस से तेईस हजार फीट की ऊँचाई से उड़ते हुए सिवा कृष्ण आकाश की अथाहता के और कुछ नहीं होता। लगता है जैसे आप टाँग दिये गये हैं आकाश में। गति या चलने की प्रतीति विमान की आवाज से आपको भले ही लगे, बाकी तो बीतता हुआ कुछ नहीं होता। बस, आप हैं भर। हाँ, जब मेघों के बीच से या ऊपर से गुजर रहे होते हैं, तब जरूर कुछ दिखता है। सब मायालोक जैसा लगता है। बादलों की पर्त-दर-पर्त पतली उड़ती-सी दिखती है

और उसमें से उझकी पड़ती नीचे की धरती, ऐसा लगता है जैसे मेघों के समुद्र-जल में डूबी हुई हो। कभी सुदूर क्षितिज मेघ-विस्तार, बर्फ के मैदान लगते हैं। क्षितिज पर धूप की स्वर्ण आभा में देवप्रासाद जैसे लगते हैं। बल्कि सम्पूर्ण देवसृष्टि का बोध होने लगता है। ऐसे निमन्त्रण देते मेघ पहले नहीं देखे। बस खिड़की से कूदकर मेघों के इस संगमरमरी फर्श पर दौड़ जाने को मन करता है। कई बार आपको भ्रम होता है जैसे आकाण्ठ बर्फ की पर्वतमाला के बीच से तैर रहे हैं। इस बीच विमान में घोषणा हुई कि हम लोग इस्ताम्बुल के ऊपर से गुजर रहे हैं। इतने ऊपर से किसी भी, कैसे भी बड़े शहर का अस्तित्व खिलौने जैसा ही लगता है। शायद इसके पूर्व हम लोग ईरान, इराक के मरुस्थलों के ऊपर से गुजर रहे थे। सैकड़ों मीलों तक बालुई निर्जनता, रुण्ड-मुण्ड सिर-सी गुजरती रही थी। कई बार विमान या तो अपनी दिशा या ऊँचाई बदलने के लिए थोड़ा डगमग होता है तो सारा क्षितिज ऊपर-नीचे होने लगता है, जैसे कोई क्षितिज-रेखा को ऊपर-नीचे कर रहा है। हमारी घड़ी के भारतीय समय में दो बज रहे थे, जबकि रोम में उस समय 12 या 12.30 रहा होगा। और घोषणा हुई कि रोम आने वाला है। रोम नाम सुनकर ही बड़ी अविश्वसनीयता लगी कि दिल्ली के बाद धरती का स्पर्श रोम में होगा, वह भी यूरोपीय धरती पर, जिसके साथ दुनिया के इतिहास, मिथकों की रहस्यमयता जुड़ी हुई है। पता नहीं क्यों, विमान ने काफी नीचे आकर रोम की पहाड़ियों के तीन-चार चक्कर लगाये और तब जाकर करीब पाँच घण्टे बाद हमारे पैरों का प्रतिनिधित्व करते हुए जब विमान ने यूरोप की धरती का स्पर्श किया, तो थोड़ा रोमांच हुआ। जैसे ही विमान से बाहर आया तो पहली बार यूरोपीय आकाश, हवा और परिदृश्य को देखा, सूँघा और अपने भीतर तक अनुभव किया। विमान से हवाई अड्डे तक के लिए नीचे प्लेटफार्म वाली बस तैयार खड़ी थी। ऐसी बसें शायद दिल्ली विमानपत्तन में नहीं हैं। अब कानों में, अपने चारों ओर न जाने कितनी अनजबी भाषाओं की ध्वनियाँ सुनता खड़ा था। ऐसा लगा कि विदेशों में अकेला होना कितना त्रासद होता है। आप उस सर्वथा विदेशी वातावरण में नितान्त ऐसे अकेले होते हैं कि किसी भी दूसरे विदेशी व्यक्ति के लिए आपका कोई अस्तित्व ही नहीं होता। बस ने हमें एक लाउंज के मुहाने पर ले जाकर खड़ा कर दिया। जिधर सब जा रहे थे, मैं भी

चल दिया। 'ट्रांजिट-' लाउंज में पहुँचकर जब एक पुलिस अफसर, जो कि निहायत ही खूबसूरत नीली कमीज और पी. केप में था, से पूछा कि JAT (तात्पर्य युगोस्लाविया) का काउण्टर कहाँ है, मुझे बेलग्रेड जाना है तो उसने संकेत से ऊपर जाने के लिए स्वचालित सीढ़ियों की ओर इशारा किया। स्वचालित सीढ़ियों पर चढ़ने का पहला मौका था, और इसके लिए थोड़ी सावधानी बरतनी पड़ती है। यह तो अच्छा था कि मेरी अटैची सीधे बेलग्रेड बुक कर दी गयी थी, मेरे पास केवल ब्रीफकेस ही था। ऊपर का यह तल्ला काफी गुलजार था। रोम सचमुच ही काफी बड़ा अन्तरराष्ट्रीय विमानपत्तन है। दिल्ली में दस या ग्यारह गेट ही हैं पर यहाँ तो 40/45 गेट होंगे। इतना लम्बा-चौड़ा लाउंज कि तीन-चार चक्कर लगाने पड़ जाएँ तो एक मील से भी ज्यादा आपका चलना हो जाए। विदेशों में कोई किसी से कुछ पूछता नहीं है क्योंकि प्रत्येक बात के लिए सूचना-सेट्स होते हैं। वैसे लाउंज में पचासों काउण्टर थे। मैंने अपने भारतीय ढंग से युगोस्लाविया के काउण्टर के बारे में पूछना चाहा तो इतालवी उच्चारण के साथ अंग्रेजी में बताया गया कि मैं सूचना-सेट्स से पता करूँ। मैंने लाउंज भर के सारे सेट्स पढ़ डाले पर JAT के बारे में कुछ पता ही नहीं चल पा रहा था। चूँकि मेरे पास पूरा दिन था और मेरी उड़ान शाम को 6.30 बजे थी। इसलिए कोई जल्दबाजी तो नहीं थी पर मैं जानना चाहता था कि किस काउण्टर से मुझे आगे का बोर्डिंग-कार्ड मिलेगा। इस चिन्ता और चक्कर में पूरे लाउंज में मैं मारा-मारा फिरता रहा। और कोई काउण्टर वाला, पुलिस के लोग, कोई कुछ नहीं बता रहा था। जब मैं लगभग परास्त हो गया तो एक काउण्टर वाले से बहुत नम्रता से अपनी कठिनाई बतलायी। उस सदाशयी ने मुझे 30 नम्बर के दूसरे सिरे पर बने काउण्टर पर जाने के लिए कहा। मैं फिर हारकर उस सारे अजनबी, अमानवीय, सुहावने परिवेश में किसी तरह 30 नम्बर काउण्टर पर पहुँचा। इसके पूर्व मैं 31 नम्बर के काउण्टर पर दो बार पूछ गया था पर उक्त श्रीमान ने पास वाले काउण्टर की कोई जानकारी नहीं दी थी। जब मैं उक्त काउण्टर पर पहुँचा तो लाल वेशभूषा में एक महिला मिली। पहले तो उसने भी काफी रूखे तरीके से बताया कि मैं 4.30 बजे के बाद यहीं आ जाऊँ, तब बोर्डिंग-कार्ड मिल जाएगा। पता नहीं कैसे, मेरी बातें सुनकर वह कुछ पसीजी, जब मैंने कहा कि कितनी

मुश्किलों से मैं आप तक पहुँचा हूँ। पता नहीं कैसे उसने पूछा कि मैं क्या करता हूँ? और मैंने जब कहा कि मैं लेखक हूँ और युगोस्लाविया इसी सिलसिले से जा रहा हूँ तथा यह मेरी पहली विदेश-यात्रा है। उसने बहुत मुस्कराकर तत्काल दो मिनट में मेरा बोर्डिंग-कार्ड बना दिया और बताया कि यहीं सामने के 30 नम्बर गेट से मुझे 6 बजे जाना है। मेरा ख्याल है कि इस सारी दौड़-धूप में घण्टा-डेढ़ घण्टा जरूर लग गया पर अब मेरे पास बोर्डिंग-कार्ड आ गया था, सो निश्चिन्त हुआ।

अब मेरी कठिनाई थी कि मैं क्या खाऊँ? और मेरे पास छोटे नोट नहीं थे। चूँकि मैं बाहर निकल ही नहीं सकता था क्योंकि वीसा नहीं था। लाउंज के रेस्तराँ में ताक-झाँक करने की कोशिश की पर समझ नहीं पा रहा था कि इनमें कौन चीज वेजिटेरियन के लिए है। विदेशों में पानी एक समस्या है। लोग यहाँ पानी नहीं पीते जबकि हम लोग पानी ही तो पीते हैं। मुझे लगा कि लंघन कर जाना ज्यादा ठीक होगा बनिस्बत कुछ खाने के। किसी प्रकार तरह-तरह के लोग, शीशों की दीवारों से बाहर का दृश्य देखता-टहलता रहा। रोम का यह ट्रांजिट-हाल बड़ा भी है, सुन्दर भी है और सुखद भी है। आप आराम से उठ-बैठ सकते हैं। इस बीच कुछ दूरी पर केवल एक भारतीय दम्पत्ति जरूर दिखा। एक बार मन में आया कि उनसे मिला जाए पर वे दोनों थोड़ी देर में कहीं खो गये। विदेश को पहली बार और वह भी अपनी आँखों से देख रहा था। इन लोगों का आचार-व्यवहार सर्वथा भिन्न प्रकार का है। निश्चित ही एक प्रकार की उन्मुक्तता सारी आयु के लोगों में मिल जाती है। हमारे देश की तरह नहीं है कि वयस्क या वृद्ध लोग भिन्न प्रकार से व्यवहार करते हैं। स्त्री और पुरुष सब खुले व्यवहार में विश्वास करते हैं। सार्वजनिक स्थलों पर भी इन्हें कोई भी ढंग से बैठने, सटे-सटे टिके रहने में कोई संकोच नहीं होता। लाउंज एयर कण्डीशण्ड था, बड़ा था फिर भी वातावरण में सिगरेट और शराब की गन्ध थी। पर एक बात माननी ही पड़ती है कि सफाई और स्वच्छता इतनी अधिक होती है कि क्या किसी के वैयक्तिक ड्राइंगरूम में होगी। यह बड़ा-सा लाउंज, जिसमें पूरे पर नीला कारपेट और क्या मजाल जो उस पर कागज का छोटा-सा टुकड़ा भी हो। लोग अन्धाधुन्ध सिगरेट पीते हैं पर पीकर ऐश-ट्रे में ही फेंकते हैं। लाउंज में नीचे उतर कर टायलेट है। आप वहीं पर

वेस्ट-पेपर बास्केट में कागज आदि फेंक सकते हैं। नीली वर्दी में गन और पिस्तौल तथा हाथ में सूचना देने के लिए ट्रांजिस्टर लिए घूमते पुलिस के कर्मचारी। जिनका बड़ा अफसर एक ट्रालीनुमा खुली मोटर में, जोकि बैटरी से चलती है, बराबर घूमता रहता है। सारी व्यवस्था चुस्त-दुरुस्त। इससे अलग पड़ जाने पर आप मुसीबत में पड़ सकते हैं। यह शिकंजे वाली व्यवस्था जरूर है, पर शायद ऐसा न हो तो हमारे देश का-सा हाल हो जाए। हाँ, माइक पर हर दो मिनिट में पहले इतालवी में तथा बाद में अंग्रेजी में उड़ानों की घोषणाएँ गेट नम्बर आदि सुनाये जाते हैं। जिसे हम इटली कहते हैं, वस्तुतः वह 'अलीतालिया' है। इतालवी भाषा पहली बार सुनी, बड़ी मीठी लगी। काफी कोमल उच्चारण है इसमें। रोम से प्रत्येक दो मिनिट में कोई न कोई विमान दुनिया के सभी देशों के लिए जाते हैं। विभिन्न देशों के भिन्न प्रकार के विमानों को देखता पूरा दिन आखिरकार गुजारा। रोम आने पर विमान की खिड़की से जो नीचे झाँका तो एक सड़क पर कुछ जाती मोटरें देखी थीं और ध्यान गया कि यहाँ बायें नहीं दायें हाथ वाहन चलाये जाते हैं। अंग्रेजों की कृपा से और अब कांग्रेस की कृपा से हम अभी भी वही बायें हाथ वाली लकीर पीटे जा रहे हैं। युगोस्लाविया, दुबई कहीं भी तो बायें हाथ का नियम नहीं है। जमाने भर की अन्तराष्ट्रीयता की बात और नकल हम करते हैं पर जिन बातों में हमें करना चाहिए था उनका कहीं पता ही नहीं है। खैर भारत से बाहर आपको भाषा और सम्प्रेषण की समस्या आती है। अंग्रेजी के बारे में हमें हमारे नेताओं ने बड़ी गलतफहमी में रखा है। साम्यवादी देशों में तो अंग्रेजी न कुछ के बराबर ही मिलती है। हाँ, फ्रांसीसी भाषा अवश्य सम्मानजनक मानी जाती है। एक प्रकार से पूरा दिन किसी से बोलना नहीं हुआ था। कोई आखिर मन-ही-मन अपने से कितना बोल सकता है? तरह-तरह के विभिन्न देशों को उड़ान पकड़ने के लिए आते-जाते देखना भी खासा अनुभव है। लोग भद्र भूषा से लेकर कुछ भी तो पहने हुए रहने में कोई संकोच नहीं करते। जिस भूषा में हम शायद अपने बाथरूम में मुश्किल से होते होंगे, उन्हें पहने हुए भी स्त्री-पुरुष घूम रहे होते हैं। हमारी नैतिकता की परिकल्पना का इनके लिए कोई अर्थ नहीं है। किसी भी और कैसे ही शारीरिक निजी पोज़ में सोफों पर इन्हें देखा जा सकता है। हाँ, आप अपनी नैतिका के तहत या तो आँखें बचाये बैठे रहें या

फिर उठकर अन्यत्र चले जाएँ। और किसी तरह शाम के छह बजे। माइक पर हमारी उड़ान की तथा गेट नम्बर की घोषणा हुई। चूँकि बेलग्रेड की उड़ान मानक उड़ान नहीं थी अतः वह जहाज दूर एक तरफ खड़ा था क्योंकि वह जहाज छोटा था। वह लोकल उड़ान थी अतः बोगदे वाले मार्ग से हमें नहीं जाना पड़ा। सीढ़ियों से नीचे उतरे और बस में बैठे। बस थोड़ी दूर जाकर ठहर गयी। मालूम हुआ कि एक दरवाजा ठीक से बन्द नहीं हो रहा था। हमारे यहाँ होता तो कोई चिन्ता भी नहीं करता पर ड्राइवर ने बस रोक दी और उसके फोन करने पर तत्काल दूसरी बस आयी और सारे यात्री उस पर चढ़े। यह बस यात्रा कुल मिलाकर चार-पाँच मिनट की ही थी। पर नियम और कायदे की पाबन्दी में कोई कोताही नहीं की गयी। इस स्थानीय विमान में पीछे, नीचे से चढ़कर जाना पड़ा। भला हो उस 30 नवम्बर काउण्टर वाली लाल भूषा वाली महिला का जिसने मेरे कहने पर खिड़की के पास वाली सीट दी थी। उसे मैंने बता दिया था कि मैं सिगरेट आदि नहीं पीता। विमानों में सीटों का विभाजन 'स्मोकिंग' और 'नान-स्मोकिंग' ढंग पर होता है। पर आपको कहना पड़ता है। उसकी इस कृपा के प्रति मैं आभारी था। मेरे पास वाली दो सीटों पर एक नव दम्पती बैठा था, जो बेलग्रेड से न्यूयार्क जा रहा था। जब मैंने पूछा कि क्या यह उलटा रास्ता नहीं है? पर उसने बताया कि फिर भी यह रास्ता सस्ता है। दोनों यूरोपीय भी थे पर बहुत भले मानस भी थे। यूरोपीय से मेरा तात्पर्य है कि वे निस्संकोच प्रेम-क्रीड़ा करते रहे और मदिरा सेवन करते रहे। दिन भर लोगों को जाँघिया, चड्डी-बनियान या नब्बे प्रतिशत नग्न देखते रहने और खुलेआम प्रेमक्रीड़ा करते देखते रहने के कारण अब मैं उतना अवाक् नहीं होने लगा था। बेलग्रेड से पूर्व विमान एक जगह रुका। एक अल्बानियां या मुस्लिम परिवार पीछे की सीट पर था, जिसका बच्चा काफी शैतानी करता रहा। रास्ते में काफी वर्षा हुई लगती थी इसलिए हल्की ठण्ड अनुभव होने लगी। ऐसा लगा कि एकाध स्वेटर रख लेना चाहिए था परन्तु थोड़ी देर बाद लगा कि स्वेटर की आवश्यकता तात्कालिक ही थी। बेलग्रेड में उस समय केवल हमारा ही विमान था इसलिए ज्यादा भीड़ नहीं थी। लगभग सुनसान जैसा ही था। मैं फिर अकेलापन अनुभव करने लगा। अब तक तो बराबर यात्रा

करता आ रहा था, पता नहीं अब रात भर यहाँ कहाँ और कैसे रहना होगा। पता नहीं यहाँ कोई आगत-स्वागत के लिए होगा भी कि नहीं। मैं जब सुरक्षा जांच के काउण्टर पर पहुँचा तब दो-चार लोगों के अलावा चारों ओर सन्नाटा था। स्वचालित सीढ़ियों से उतरकर सामने के काउण्टर पर देखा कि दो-एक पुलिस के आदमी खड़े हैं। दाहिने पासपोर्ट की जाँच वाला काउण्टर था जहाँ दो-चार लोग जाँच करवा रहे थे। मैंने उन पुलिसवालों से पूछा कि क्या यहाँ रात भर ट्रांजिट में रुके रहने का प्रबन्ध है? बड़ी मुश्किल से वे अंग्रेजी समझ रहे थे। जब मैंने बताया कि मैं स्त्रूगा काव्य-समारोह में आया हूँ तो उन्होंने बताया कि कोई सज्जन हैं जो यहाँ आगत के लिए आये हुए हैं। मैंने वहीं काउण्टर पर ही रुके रहना ठीक समझा, क्योंकि जो भी होंगे वह इधर ही होंगे, और मेरा अन्दाजा सही निकला। एक सज्जन मेरी ओर बढ़ते हुए बोले India ? मैंने कहा 'यस'—यह सज्जन श्री स्नेवानोव थे। सरकार में प्रोटोकल के चीफ थे। उन्होंने पासपोर्ट दिखाने, नीचे जाकर सामान लेने की सारी औपचारिकता पूरी करवायी और हम लोग बाहरी लाउंज में पहुँचे, जहाँ एक और सज्जन मिले, जिनका नाम 'मीरशे' था। मीरशे की गाड़ी से हम लोग हवाई अड्डे से बेलग्रेड शहर की ओर चले। रात में भी लकदक प्रकाश में मकान, सड़कें, यातायात, फ्लाईओवर्स तथा नगर की बसाहट साफ दिखलाई दे रहे थे। वस्तुतः पश्चिम को नगर बसाने, रहने की कला आती है। बेलग्रेड में हल्के पहाड़ीपन का बोध है और इस कारण किसी भी शहर में स्वतः ही सौन्दर्य आ जाता है। ठीक है स्वतः होकर यह पहला यूरोपीय शहर था जहाँ मैं चल रहा था, लेकिन चूँकि हम पश्चिम के बारे में इतना अधिक जानते हैं कि बस, जैसे देखने भर की देर थी और सारा अजनबीपन दूर हो गया। मीरशे और स्तेवानोव मुझे लेकर होटल पार्क पहुँचे। यहाँ मुझे सातवीं मंजिल पर 712 नम्बर का साथ-सुथरा कमरा मिला। सवेरे 6 बजे मीराशे आएँगे ताकि साढ़े सात बजे की उड़ान से हम लोग ओहरिड रवाना हो सकें। रात 11 बजे जाकर सोने को मिला।

थकान थी सो गहरी नींद आयी पर 5 बजे ही जाग गया और तैयार हुआ। समाजवादी देशों में 'रूम-सर्विस' जैसी कोई चीज नहीं होती। आपको सारा काम स्वतः ही करना होता है। होटल की

खिड़की से मकान, सड़कें, सवारियाँ सब बड़े सुन्दर लग रहे थे। शायद यूरोप में लाल टाइल्स की छतें होती हैं और बड़ी सुन्दर लगती हैं। न जाने क्या-क्या सोचता सब देखता रहा। सामान लेकर लिफ्ट से नीचे रिसेप्शन पर पहुँचा। मीरशे, लाल कमीज में बहुत खुशनुमा लग रहे थे। यहीं मालूम हुआ कि पन्द्रह-बीस देशों के और भी कवि हैं। वे सब दो-दो, तीन-तीन के गोल में थे। आपस में बतियाते, काफी सहज लग रहे थे। केवल मैं ही अकेला था। हाँ, बेलग्रेड हवाई अड्डे पर अरजेनटाईना के कवि जार्ज एरियल मडराजो से परिचय हुआ। अच्छी पतली दाढ़ी है और खुशनुमा लग रहे थे। वैसे तो 50-55 के जरूर होंगे पर काफी चुस्त-दुरुस्त लगे। वह स्पेनी और फ्रेंच ज्यादा जानते हैं पर कामचलाऊ अंग्रेजी भी आती है। यह हवाई यात्रा मुश्किल से चालीस मिनट की थी, स्थानीय उड़ान थी। शायद अधिकांश कवि लोग ही रहे होंगे। ओहरिड के पूर्व ओखरी झील दिखलाई दी। लोगों ने बाद में बताया कि यह झील दुनिया की प्राचीनतम, साथ ही गहरी झील है। इसमें अभी भी दुर्लभ वे मछलियाँ पायी जाती हैं जो अब विलुप्त हो गयी हैं। यह युगोस्लाविया और अल्बानिया, दोनों के अधिकार में है। वैसे अल्बानिया मुस्लिम प्रधान देश है, जोकि अन्य मुस्लिम देशों की तरह ही समस्या प्रधान है। खैर!

ओहरिड, इन्दौर या भोपाल जैसा ही छोटा हवाई अड्डा है। छोटे हवाई-अड्डों पर लोग ऐन बाहर फील्ड तक आ जाते हैं, जबकि बड़े हवाई अड्डों पर ऐसा नहीं हुआ करता। स्वागत करने वालों ने सारे कवियों को एक-एक फूलछड़ी थमायी। परिचय के समय लोगों के नाम सुनकर भला कैसे याद रह सकते हैं? सर्वथा ऐसे नाम, जिनका उच्चारण भी आप नहीं कर पाते हैं। खैर, स्त्रूगा के लिए बस तैयार थी। ओहरिड से स्त्रूगा मुश्किल से 12/13 किलोमीटर दूर होगा औरा देखते-देखते, झील किनारे की सड़क से होते हुए हम लोग करीब 11 बजे स्त्रूगा पहुँचे, जहाँ 'ड्रिम' होटल में हमारा प्रबन्ध था। इस छोटे से कस्बे में यह खासा बड़ा होटल था। मैं नहीं समझता कि भारत में इस प्रकार के कस्बे में इतना बड़ा तथा खासी सुविधा वाला होटल सम्भव है। मुझे बेलग्रेड से दुबई भी अपनी वापसी यात्रा का 'कनफरमेशन' करवाना था। मीरशे ने बताया था कि उसका प्रबन्ध

स्त्रूगा में हो जाएगा क्योंकि JAT वालों ने आये हुए कवियों की सुविधा के लिए अपना काउण्टर होटल में ही खोला हुआ है और वही हुआ। काउण्टर वाले ने कहा कि वह कल तक कनफरमेशन दिला देगा। विदेश में होटल में अपना पासपोर्ट जमा करना होता है, तभी कमरा मिलता है। मेरे आग्रह पर मुझे चौथी मंजिल पर झील की ओर पड़नेवाला कमरा नम्बर 405 मिला और तबीयत खुश हो गयी। इस बीच एक युगोस्लाविया के सज्जन भी मिले। जिनका पूरा नाम याद नहीं रहा। जो कि स्कोपिया में आधुनिक साहित्य के प्राध्यापक है, से थोड़ी आत्मीयता हो गयी जिसके कारण थोड़ी सुविधा हुई। उन्होंने ही मुझे 50000 दीनार के पाँच नोट संस्था से दिलवाये। स्थानीय खर्चे के लिए दीनार की यह रकम दी गयी थी। काफी काम आयी। पर मजेदार बात यह है कि यहाँ एक कप चाय के लिए 30,000 दीनार देने पड़ते हैं, अतः यह रकम वैसे तो कुछ भी नहीं थी। पहली बार 'दीनार' मुद्रा देखी, जिसका इतिहास में नाम सुना था।

होटल से श्री बिल के साथ बाहर निकला। वस्तुतः पश्चिम के पास एक सौन्दर्य दृष्टि है, जो उनके स्वयं के रहने, नगरों की बसाहट, मकानों के ढंग से स्पष्ट होती है। चूँकि यूरोप, एशिया की अपेक्षा ठण्डा भूखण्ड है इसलिए इन्हें आँगन-दालान जैसी चीज नहीं चाहिए होती है। ये लोग धूप आदि का सेवन पार्कों में या जलाशय के किनारे ले लेते हैं अतः इनके मकानों का प्रकार बन्द डिब्बों जैसा ही होता है। जो हो, ये मकान लगते सुन्दर हैं। स्त्रूगा, ओखरी झील के किनारे बसी एक साधारण-सी ही बस्ती है। झील से एक नदी निकलती है। शायद इसका नाम 'ट्रिम' है। इसके दोनों किनारों पर काफी अच्छे मकान बने हुए हैं। आर-पार जाने के लिए काफी पुल हैं, जो कि आम तौर पर मजबूत लकड़ी के हैं। सारा दृश्य बड़ा ही मनोरम है। 'मेन' सड़क वाले पुल पर खड़े होकर बायीं ओर झील से बलखाती आती नदी और दाहिने हाथ अपना नदी-पथ बनाती ट्रिम को थोड़ी देर देखते खड़े रहे। उसके बाद पुल पार कर दाहिने हाथ मुड़े। इसी ओर वह 'होम आफ पोएट्री' का भवन है, जिसके लॉन में उन कवियों की मूर्तियाँ हैं जिनकी स्मृति में यह आयोजन होता है। थोड़ी दूर चलकर हम बाजार में पहुँचे। पत्थर की ईंटों के रास्ते के दोनों ओर घर जैसी शक्ल-सूरत और भाव वाली दूकानें।

आपको लगता ही नहीं कि आप बाजार में हैं। कोई शोर-शराबा, चिल्लपों कुछ भी नहीं। बिना किसी अफरा-तफरी और भीड़-भाड़ के लोग सहज भाव से चीजें खरीदते आ-जा रहे थे। दूकानों के बाहर बहुत ही करीने से कुर्सी-टेबलों के चारों ओर बीयर या शराब पीते स्त्री-पुरुष। बस, मुश्किल भाषा और सम्प्रेषण की होती है। असल में बाजार घूमने से ज्यादा मुझे कपड़े धोने का साबुन लेना था। बड़ा ही आश्चर्य हुआ कि कहीं भी वह नहीं मिला। हाँ, पाउडर जरूर मिल सकता था पर मुझे टिकिया की जरूरत थी। स्त्रूगा का बाजार था ही कितना बड़ा। पूरा घूम आये। बल्कि कहना चाहिए कि सिरे पर सड़क से नीचे उतरकर खुदरा मार्केट भी हो लिये जो कि मण्डी ही कहा जाएगा। साबुन तो नहीं मिला पर युगोस्लावीय जन-जीवन को थोड़ा पास से देख सका। यहाँ फल बेचते लोग भी साधारण गरीब हैं, पर सामान रखने का ढंग तथा उनके बोल-चाल में खासा देसीपन भी है और स्वतन्त्रता का बोध भी। आखिरकार कई स्टोर्सों के चक्कर लगाकर, घूमकर देख आने के बाद भी जब साबुन नहीं मिला तो फिर एक नहाने का साबुन लिया। पता नहीं क्यों इस साबुन की गन्ध थोड़ी अप्रिय ही लगी। यहाँ की हवा तक में एक खास गन्ध थी, जिसे कुछ सुखद नहीं कहा जा सकता। या तो झील की गन्ध थी, जिसमें मछली की गन्ध शमिल थी। पर साथ ही मांस और मदिरा के आधिक्य की बू भी थी। और तब होटल पहुँचकर शाम तक के लिए बिल से विदा ली। अब शाम को ही 'होम ऑफ पोएट्री' में इस आयोजन की शुरुआत होने वाली थी।

वैसे मेरा अन्दाज ही सही था कि यूरोप के इस सिरे वाले भूखण्ड में और वह भी अगस्त में जाड़ा नहीं होगा। और सचमुच ही कोई खास जाड़ा नहीं था। दिन थोड़े गरमा जाते हैं लेकिन रातें अवश्य ही सुखद और थोड़ी सिमट जाने वाली होती हैं। वैसे भी यहाँ की जलवायु भूमध्यसागरीय है। यूरोप के उत्तरी भाग जैसी जलवायु कम से कम इन दिनों तो नहीं ही थी। हाँ, बाल्कन पहाड़ियों के कारण वर्षा अच्छी-खासी होती है इसलिए चारों ओर की पहाड़ियाँ और मैदानी भाग सभी पेड़ों और वनस्पतियों से लदे हैं। समुद्री हवा दिन-रात अपनी उपस्थिति की प्रतीति कराती रहती है।

शाम को होटल की टैरेस पर एक काकटेल पार्टी थी। उस बड़ी-सी टेबल, टेबलें और कुर्सियों का सुर्ख लाल रंग देखकर पहली बार लगा कि आप किसी साम्यवादी देश के होटल में हैं। पर एक बात निर्विवाद रूप से कही जा सकती है कि युगोस्लाविया को देखकर साम्यवादी शासन की जकड़बन्दी का कहीं पता नहीं चलता। शायद इसका कारण यही हो कि शुरू से ही युगोस्लाविया दूसरे साम्यवादी देशों की तरह नहीं रहा। वैसे यहाँ आज भी मार्शल टीटो के प्रति लोगों में सम्मान का भाव है। थोड़ी देर में उस प्रशस्त टैरेस पर कवि, लोग और प्रेस फोटोग्राफर्स जमा हो गये। इसी में पहली बार आस्ट्रेलिया के कवि थामस शेपकॉट को देखा जिन्हें इस वर्ष के स्वर्णपदक से सम्मानित किया जाना था। कुछ-कुछ हेमिंग्वे जैसे लगते हैं। औपचारिक 'हलो-हलो' के अलावा भी बातें जरूर हुईं। अच्छे ही स्वभाव के लगे। किसी प्रकार की कोई बनावट जैसी चीज नहीं लगी। उनका वह संग्रह भी दिन में प्राप्त हुआ था जो इस अवसर पर प्रकाशित किया गया था। कुछ कविताएँ भी देख गया था। अच्छी कविताएँ हैं। लोग अपना-अपना झुण्ड बनाये हुए बतिया रहे थे। मुझ जैसे अकेले कुछ ही कवि होंगे। मुझे बताया गया कि अंग्रेजी से ज्यादा फ्रेंच और स्पेनिश भाषा अधिक व्यवहृत होती है।

इसके बाद बिल के साथ 'होम ऑफ पोएट्री' के भवन पहुँचे। भवन के सामने का मैदान कुर्सियों पर जमा लोगों से भरा पड़ा था। इस कस्बे के लिए यह आयोजन कितना महत्त्वपूर्ण था, यह भीड़ देखकर ही पता चल रहा था। कई देशों के झण्डे लहरा रहे थे। जरूर ही भारत का भी झण्डा रहा होगा पर मुझे नहीं दिखाई दिया। मैदान के सामने एक ऊँचे मंच पर, जो कि भवन का स्थायी प्लेटफार्म है, एक बड़े से बोर्ड पर अंग्रेजी, फ्रेंच, स्पेनिश, रूसी आदि लिपिओं में 'पोएट्री' लिखा था। शायद अरबी लिपि में भी था पर बेचारी देवनागरी या एशिया की किसी लिपि में नहीं था। सबसे पहले आठ-दस लोगों के दल ने बिगुल-वादन किया। उसके बाद बड़ी-सी ज्योति जलायी गयी, जैसी कि ओलम्पिक मशाल होती है—काव्य ज्योति। दो-एक कविताएँ, पता नहीं किस भाषा में, पढ़ी गयीं और दो लड़कियों ने मेसेडोनियन में उसके अनुवाद सुनाये और इस प्रकार आयोजन का श्रीगणेश हुआ। इसके बाद ही बड़े से हाल में काव्य-पाठ का

आयोजन था। आधे कवियों, मतलब करीब 40 कवियों को, आज काव्य-पाठ करना था और बाकी के कवियों को अन्तिम समापन दिवस पर। मुझसे दिन में ही पूछा गया था कि क्या मैं आज काव्य-पाठ करना चाहूँगा? पर मैं बहुत ज्यादा थका था इसलिए आज के लिए मैंने अस्वीकार कर दिया। अतः इस समय मैं बिल के साथ हाल में मात्र दर्शक बनकर बैठा था। मेरा ख्याल है कि हाल में दो हजार दर्शक जरूर होंगे। सरकारी बड़े कर्मचारी भी आये हुए थे। सारे प्रशासकों का अपना अलग ही रुतबा होता है। खासकर वो सेना के हों तो बात ही अलग होती है। इस सारे आयोजन के सभी दिनों जो महाशय उद्‌घोषक थे, उनकी आवाज बहुत ही षड्ज वाली थी और बोलने का ढंग भी बहुत सलीके का था। हालाँकि भाषा तो नहीं समझ पाता था पर लगता था कि आयोजनों का उद्‌घोषक ऐसा ही होना चाहिए। बड़े से मंच पर सारे कवि बैठाये गये थे। मंच के पार्श्व में दोनों ओर अनुवाद पाठकर्ता (कत्री) थे। बायीं ओर सिरे पर एक बड़ा-सा पियानो था। पहले एक सुन्दर महिला ने पियानो-वादन प्रस्तुत किया। उसके बाद दो-एक साधारण भाषण हुए और तब काव्य-पाठ आरम्भ हुआ। पहली बार लगा कि इस प्रकार के अन्तराष्ट्रीय काव्य-पाठ का लाभ न भी सही, तो भी प्रयोजन क्या है? ठीक है स्थानीय लोगों को अपनी भाषा में अनुवाद मिल जाता है परन्तु हम जैसे बाहर से आये लोगों का क्या हो? मूल भाषा भी आप नहीं जान रहे होते हैं और न ही अनुवाद की भाषा से आप परिचित हैं। तब भला तीन-चार घण्टे एक ध्वनियाँ सुनते हुए कोई कितना बैठ सकता है? थोड़ी देर जब ऊब होने लगी तो बिल के साथ बाहर आ गया। हाल के बाहर के लाउंज में किताबों की प्रदर्शनी लगी हुई थी। मेरी भी पाँच-छह किताबें प्रदर्शित थीं। वैसे भी बहुत थकान थी ही। नींद भी बकाया थी। होटल पहुँचकर बार में बिल को बीयर पिलवायी और मैंने चाय ली और फिर बिल से विदा लेकर कमरे में पहुँचा। दिल्ली के बाद दो रातों की नींद में खो गया।

25 अगस्त '89 : स्त्रूगा

चूँकि यहाँ के होटलों में दूसरे देशों की तरह 'रूम-सर्विस' नहीं होती और न ही कोई उस अर्थ में 'बैरा' या 'ब्वॉय' होता है इसलिए चाय-नाश्ते के लिए स्वयं ही रेस्तराँ में जाना होता है। सवेरे की सिर्फ चाय के लिए भी नीचे ही जाना पड़ा। लौटकर तैयार हुआ और नाश्ते के लिए रेस्तराँ पहुँचा। तभी मालूम हुआ कि बेल्जियम से लेखकों का कोई दल आया है और स्वागत करने के लिए युगोस्लाविया सरकार के संस्कृति-मन्त्री आये हैं। इस बात को लेकर मैंने देखा कि दूसरे लेखकों पर कोई खास प्रतिक्रिया नहीं है। मन्त्री महोदय कब आये और चले गये, पता ही नहीं चला। हालाँकि मैं बिल के साथ लाउंज में ही था, बल्कि उस कमरे के सामने पड़े सोफे पर बैठा था जिसमें कि स्वागत हो रहा था, लेकिन सब कब और कैसे हो गया, ज्ञात न हो सका। जबकि यदि हमारे देश में होता तो काफी बड़ी बात मानी जाती। हाँ, मन्त्री महोदय के आने से यह जरूर हुआ कि सवेरे आज जो सेमिनार 'पोएट्री बिटवीन साउण्ड एण्ड साइन' होना था, वह टल गया। मेरा ख्याल है कि वह फिर हुआ ही नहीं। यहाँ यह कमी जरूर खलती है कि मेसेडोनियन भाषा के अलावा अंग्रेजी का कोई दूसरी भाषा में अनुवाद की कोई व्यवस्था न होने से सम्पर्क-सूत्र तो नहीं ही हो पाता, लेकिन साथ ही गोष्ठियों में क्या कहा जा रहा है, से भी आप वंचित रह जाते हैं। थोड़े दुभाषिये जरूर हैं, पर यह व्यवस्था नाकाफी है। शायद यहाँ के लोगों को इसकी कोई आवश्यकता ही नहीं होती। मैंने सुना कि युगोस्लाविया भाषा जो कि यहाँ की राष्ट्रभाषा है, में अनुवाद होते हैं तथा रूसी, फ्रेंच, स्पेनिश में भी। थोड़ा-बहुत ही अंग्रेजी में अनुवाद होता है।

मुझे अपने बेलग्रेड से दुबई की वापसी-उड़ान की पुष्टि की चिन्ता थी। होटल में विमान-सेवा का जो काउण्टर था उसे नोट करवा दिया। वह पूछकर कल बताएगा। विदेश में आपको किसी पर बराबर निर्भर रहना पड़ता है, न चाहते हुए भी। आज भर के लिए श्री बिल उपलब्ध थे। कल उन्हें स्कोपिया लौट जाना है अतः मुझे फिर श्री मीरशे का सहारा लेना था, पर वह तो अत्यधिक व्यस्त व्यक्ति हैं। हालाँकि वह काफी चुस्त और सहायक दोनों ही हैं। मेरी सबसे बड़ी कठिनाई थी—अकेलेपन की। गत दो दिनों जो नितान्त

अकेलापन था वह थोड़ा कम होने लगा था। पश्चिम में 'विश' करने की प्रथा सामान्य होती है। चाहे आप से परिचय हो, या न हो। इसका लाभ यह होता है कि आप भी प्रति 'विश' करते हैं और तब क्रमशः परिचित हो जाते हैं। इसी प्रकार मैं भी अब कुछ चेहरों और व्यक्तियों को जानने-पहचानने की स्थिति में आ चला था। अधिकतर कवि यूरोप और दोनों अमरीका से आये हुए थे। एशिया महाद्वीप से तो भारत के अलावा मलेशिया के ही दो कवि दिखे। प्रायः पाकिस्तान तथा कुछ अन्य देशों के भी आते रहे हैं। पर इस वर्ष नहीं थे। मलेशिया के दोनों कवि मुसलमान थे जिनमें एक तो लगभग बंगाली जैसा ही लगता था। कवि तो वे जरूर थे पर बातचीत और व्यवहार किसी में भी कोई कव्योचित गुण नजर नहीं आया। शायद कुछ सीमा से अधिक सतर्क व्यक्तित्व के थे। बंगाली जैसे कवि इस्माईल ज़मज़म कुछ ज्यादा सांसारिक व्यक्ति थे। अपने साथ खूब बड़ा-सा पहियोंवाला बॉक्स लिये थे और हर जगह (स्कोपिया, प्रिलेप में) अपने अनेक कार्यक्रमों की चिन्ता में व्यक्तियों से सम्पर्क साधने में व्यस्त रहते थे। ऐसा लगता है यहाँ वे पहले भी आ चुके थे। यहाँ के बाद हजरत इंगलैण्ड जाने वाले थे। कुवैत से आये याकूब यूसुफ अल सुबई, अपनी अरबी भूषा में सबसे अलग-थलग रहने वाले व्यक्ति थे। शायद ही किसी से बोले हों। हाँ, जब पुल पर से अपना काव्य-पाठ, जो कि कुछ अजीब ही था, के पूर्व जोरों पर 'अस्सलाम वाले कुम' कहने में उन्होंने कोई कोताही नहीं की। हाँ, ईराकी कवि मुहम्मद रादी अली काफी मजेदार और जिन्दादिल आदमी लगे। बातों और व्यवहार में काफी निस्संकोची। भारत के प्रति थोड़ी रुचि दिखी। सबसे अच्छी बात यहाँ यह थी कि कोई राजनीतिक चर्चा में रुचि नहीं रखता था। ज्यादातर लोग भारतीय-दर्शन, काव्य के बारे में प्रश्न करते। व्यक्तियों में केवल गाँधी और रवीन्द्र नाथ ठाकुर को ही जानते हैं। रवीन्द्रनाथ ठाकुर की कविता से कम्युनिस्ट देश के कवि तथा पश्चिम और अर्जेण्टीना, क्यूबा आदि के कवि भी प्रभावित लगते थे। आधुनिक भारतीय कविता उनके लिए कोई अर्थ नहीं रखती क्योंकि वह तो पश्चिम की अनुकृति है। मैंने दो-एक बार अज्ञेय की चर्चा चलायी तो या तो उन्हें कोई नहीं जानता था या फिर जो जानता भी था तो उनमें उन्हें कोई भारतीयता नहीं मिली। आज भी पश्चिम में भारत को एक विशेष दृष्टि से देखा-जाना जाता है।

ऐसा देखा-जाना कई स्तरों पर सर्वथा स्पृहणीय के साथ-साथ हेय भी है। भारतीय का अर्थ यदि गाँधी, रवीन्द्र ठाकुर था तो निकृष्टता का भी पर्याय था। ऐसी स्पृहणीयता का अर्जन यदि हमने किया है, जो कि किया है, तो उसके मूल में हमारा प्राचीन दर्शन, काव्य और महापुरुष हैं तथा हम तिरस्कृत समझे जाते हैं तो उसका कारण हमारी विगत सदियों की अनुकरण की लिप्सा है। दुबई जैसे स्थानों में तो भारतीय होने का अर्थ ही है—अविश्वसनीयता। हमें अपनी वर्तमान व्यवस्था तथा जीवन की समझ की जो विषमता है वह विदेश में ही समझ में आती है। हमें अपने देश में अपनी ही भूषा में अपना स्वरूप नगण्य लगता है तो वहाँ पहुँचकर पश्चिमी भूषा में हम कार्टून लगते हैं—विदूषक। जो भाषा और भूषा पश्चिमी स्वत्व से अर्थ और सुगन्ध देती है वह हमारे स्वत्व से निःसृत होकर, भले ही हमें न लगे, पर पश्चिम को हमें दास मनोवृत्ति का होने का बोध करवाती है। इस अर्थ में अरबी लोगों का अपना स्वत्व महत्त्वपूर्ण है। उन्हें अपनी भाषा, भूषा और जातीयता पर पश्चिम के सामने किसी भी प्रकार का हेठापन नहीं अनुभव होता बल्कि गर्व होता है।

इंग्लैण्ड, यूरोप का धुर पश्चिम है तो बालकन पहाड़ियों का यह प्रदेश धुर पूर्व है इसलिए न इतिहास और न भूगोल किसी भी स्तर पर कोई सम्बन्ध (शायद क्रूसेड-वार को छोड़कर) कभी नहीं रहा। अतः अंग्रेजी बहुत ही कम जानी जाती है। यूरोप में जो थोड़ी-बहुत अंग्रेजी जानी जाती है, उसकी भी विशेषता यह है कि वे लोग, चाहे वे इतालवी हों या जर्मन (फ्रेंच तो भूलकर भी नहीं बोलता अंग्रेजी) अपने उच्चारण से बोलता है फलतः उसे समझने में थोड़ी कठिनाई होती है; जबकि हम भारतीय अंग्रेजों को भी मात देने की शैली में अंग्रेजी बोलते हैं और लोग (तात्पर्य पश्चिम के) हमारी आदर्श गुलामवृत्ति को आश्चर्य से देखते हैं। इसका सबसे बढ़िया अनुभव रोम में हुआ। बेलग्रेड के लिए अपना बोर्डिंग-कार्ड लेने के लिए जब मैं उस बड़े से लाउंज में युगोस्लाविया एयर लाइन्स का काउण्टर पूछता फिर रहा था तो जरूर ही अंग्रेजी में पूछना पड़ रहा था। पर शायद ही किसी ने मुझे अंग्रेजी में जवाब दिया होगा। ज्यादातर तो संकेत में बता देते रहे कि मैं सूचना-पटों को पढ़ूँ। ज्यादातर लोग इतालवी होने के कारण अपनी भाषा, जो कि सुनने में मीठी लगी, में बोलते सुनाई पड़े या फिर अन्य भाषाएँ। मैं चूँकि

फ्रेंच और स्पेनिश या जर्मन नहीं जानता इसलिए नहीं जानता कि वे कौन-सी भाषाएँ थीं, पर अंग्रेजी तो नहीं ही होती थी। पर हाँ, माइक्रोफोन से पहले इतालवी और उसके बाद अंग्रेजी में घोषणाएँ होती थीं, पर इतालवी उच्चारणों के कारण समझने में थोड़ी दिक्कत अवश्य होती थी।

पश्चिम में लोग पानी के अलावा और सब कुछ पीते हैं, कभी-कभी 'मिनरल-वाटर' तक भी। और पीने के लिए पानी माँगना उनके लिए आश्चर्य होता है। युगोस्लाविया में इस 'वाटर' पीने को लेकर खासी समस्या बनी रही। पहले तो 'वाटर' ही वेटर नहीं समझते। संकेत से बतलाया जाता तो वह समझते कि मुझे हाथ धोने के लिए पानी चाहिए तो 'वाश-बेसिन' में जाना चाहिए। मेसेडोनियन में 'वाटर' को 'वोडा' कहते हैं और मेरे द्वारा पीने के लिए 'वोडा' माँगने पर वेटर आश्चर्य करते थे। बाद में जो उन्हें बराबर अजूबा लगता रहा कि जो ब्रेकफास्ट, लंच और डिनर सभी खानों में केवल मोटी-मोटी डबलरोटियाँ, मक्खन, चीज ही खाता हूँ। जैम, आलू या टमाटर भी कभी-कभी प्राप्त हो जाता था। जबकि दुनिया भर के 'नायाब पदार्थ' जो कि लोग खा रहे होंते और जिनकी गन्ध से बड़ा-सा डाइनिंग-हाल ही नहीं गन्धाता रहता था बल्कि हाल में बजता आर्केस्ट्रा भी गन्धाता था, मेरे लिए वर्जित-फल था, लेकिन क्यों? असल में 'वेजीटेरियन' होना पश्चिम में दण्ड पाने जैसा है। प्रायः तो मैं अपनी टेबल पर अकेला ही होता शुरू-शुरू में, पर बाद में जब कुछ लोगों से परिचय बढ़ा तो वे मेरे कुछ भी ऐसे-वैसे पदार्थ को न खा सकने पर आश्चर्य भी करते और थोड़े दुखी भी होते। बेचारी बुदिमका अपने घर से मेरे लिए कुछ बना लाने को उत्सुक रही पर जो भी वह 'नायाब' बनाकर ला सकती थी वह सब मेरे लिए वर्जित था। नतीजा यह था कि मैं लगभग एक सप्ताह भूखा जैसा ही रहा। हाँ यही जूस, रोटी-मक्खन ही खाता रहा। फल यह हुआ कि जब मैं दुबई पहुँचा तो मुझे पहचानने में मेरी बेटी को ही कठिनाई हुई कि 'बाबा जैसा यह मैं, क्या बाबा ही हूँ?' और बुलबुल ने तब जिस तरह से खिला-पिलाकर पन्द्रह दिनों में मोटा-ताजा कर दिया कि इलाहाबाद स्टेशन पर देखते ही बेटे ने कहा कि मैं मोटा और स्वस्थ हो गया हूँ। वैसे सामान्यतः पश्चिम में या भारत के बाहर आम आदमी थोड़ा अधिक ही स्वस्थ देखा। मांस और मदिरा तथा

उन्मुक्त जीवन-पद्धति ने जहाँ इन्हें स्वस्थ बनाया वहाँ कर्मठ भी। असल में यूरोप ठण्डा महाद्वीप है इसलिए भी लोग स्वस्थ के साथ-साथ कर्मठ अधिक हैं। शायद ही किसी को अपने देश की तरह अलसाते या घण्टों दूकानों पर बैठे नहीं देखा। यह नहीं कि ये लोग आनन्द या अवकाश में विश्वास नहीं करते। बल्कि देखा जाए तो ये लोग आम भारतीय से कहीं अधिक अवकाश लेते हैं, पर व्यवस्था के साथ। दिन में जो सड़कें और जो बाजार या पार्क लगभग निर्जन होते हैं वे शाम को गुंजान हो जाते हैं। जिस प्रकार वे लगन से काम करते हैं लगभग उसी मनोयोग से वह खेल, कूद, नाच-गान को भी अनिवार्य मानते हैं पर एक व्यवस्था के साथ। इसीलिए उनके जीवन में उबकाई का कोई स्थान नहीं होगा। वैसे यह नहीं कि मैं 'टी-टोटलर' या मांस से सर्वथा परहेज करता हूँ परन्तु कई कारणों से, स्वास्थ्य प्रमुख है, मैं इन चीजों से बचता हूँ। एकाध बार बीयर या 'ह्विस्की' ली होगी, पर एकाध बार ही और वह भी सीमित। वस्तुतः यहाँ के जीवन की अनिवार्यता हैं—मांस, मदिरा और मौज।

तो दो दिन, अर्थात् 24 और 25 के पूरे दिन जो अकेलापन रहा वह 25 की शाम को जाकर दूर हुआ। 24 अगस्त को तो थकान ही इतनी ज्यादा थी कि कुछ नहीं किया जा सकता था। हाँ, कपड़े धोने के लिए साबुन खरीदने के बहाने से स्त्रुगा की वह छोटी खुशनुमा बस्ती और बाजार एक प्रकार से देख डाले। बल्कि कहना चाहिए साबुन के लिए खँगाल डाले, पर नहीं मिला था—खैर। दूसरे दिन सवेरे जब तैयार होकर नीचे पहुँचा तो हॉल में, लाउंज में, गैलरी में, काउण्टर में लोग ही लोग थे। अच्छी-खासी चहल-पहल थी। चूँकि अभी तक मेरी किसी से भी कोई खास पहचान नहीं हुई थी, सिवा दो-एक लोगों से मुस्कराने या अधिक से अधिक 'हलो-हलो' के, इसलिए मैं अपने को खासा अलग-थलग अनुभव कर रहा था। हॉल से सटी जो गैलरी थी उसमें बेंत की टेबलें-कुर्सियाँ थीं और जहाँ लोग बड़े ही अनौपचारिक ढंग से गोल बनाये शराब-बीयर पीते बैठे रहते। इन्हीं छोटी-छोटी गोष्ठियों में परिचय, बातें, विचार-विमर्श सभी कुछ चलता रहता। इसी भीड़ में मैंने बिल को भी बैठे देखा। वस्तुतः मैं बिल को ही खोज भी रहा था क्योंकि थोड़ी-बहुत आत्मीयता बिल से ही हो पायी थी। कल यहाँ पहुँचने तक स्तेवानोव जरूर रहे पर इसके बाद वह कहीं नहीं दिखलाई दिये थे। हाँ, मीरशे अपनी लाल

कमीज में दिखे जरूर। आज उनके कन्धे पर कैमरा भी था। पर वह बहुत अधिक व्यस्त थे इसलिए परिचित के नाम पर अकेले बिल ही बचे थे और जैसे ही बिल को एक टेबल पर बैठे लोगों के बीच बीयर पीते बैठे देखा, तो कुछ आश्वस्त हुआ। झील की ओर की यह गैलरी धूप, पेड़ों के छतनारेपन तथा टुकड़ों में प्रकम्पिता उझकी पड़ती झील के कारण स्थान से अधिक चित्र या चित्र-विषय जैसी लगती। खासकर तब और भी जब बतियाते बैठे लोग इसे सजीव किये रहते, तो लगता जैसे पेड़ों पर चिड़ियाँ चहचहाती अपनी ओर ध्यान आकर्षित करवा रही हैं। वस्तुतः पश्चिम का मनुष्य जो भी करता है—समग्र व्यक्तित्व के साथ करता है— काम (राभी प्रकार के) से लेकर विश्राम तक। सारे समय, अवसरों पर जैसे वह अपनी उपस्थिति को लिखता रहता है। परिवेश उस पर नहीं बल्कि वह परिवेश पर हावी होता है। तीन-चार लोगों से घिरे बिल महाशय भी, जो कि यों तो गम्भीर व्यक्ति हैं, पर इस समय पीठ की ओर से धूप ओढ़े बड़े नहाये-धोये के साथ-साथ मौज में लग रहे थे। बार के काउण्टर से सटे जब मुझे उन्होंने देखा तो वहीं से हाथ हिलाकर 'हलो' किया। हमारे बीच हाल की शीशे की बड़ी-सी दीवार थी। शीशे की दीवार की यह विशेषता होती है कि वह अपना दीवारपन धुला देती है वर्ना दीवारें बाधा होती हैं। निश्चित ही शीशे की दीवार के पार हम लोग एक-दूसरे से प्रतिदृश्य लग रहे होंगे। मैं बिल के पास जाने के पूर्व उस टेबिल की ओर बढ़ा जहाँ फोटो बिक रहे थे। कल विभिन्न फोटोग्राफरों ने अपने-अपने परिचित लेखकों के चित्र खींचे होंगे और आज वे ही चित्र टेबल पर सजे हुए थे। कुछ व्यक्तिगत चित्र थे तो कुछ सामूहिक अवसरों के। ऐसे ही सामूहिक चित्रों में से किसी एक में मैं भी दिख रहा था। अभी मैं सोचूँ कि लूँ, कि तभी किसी ने उसे खरीद लिया और मैं तब बिल की ओर बढ़ा। बिल ने मुझे बीयर के लिए पूछा तो मैंने इनकार कर दिया। टेबल पर उस समय कुछ स्थानीय लेखक थे जिनसे बिल ने परिचय कराया। यहीं मालूम हुआ कि इस समय जो 'पोएट्री बिटवीन साउण्ड ऐण्ड साइन' वाला सेमीनार होने वाला था वह स्थगित हो गया है क्योंकि बेल्जियम के लेखकों का कोई दल आया है और उसका स्वागत युगोस्लाविया के संस्कृति मन्त्री करेंगे। थोड़ी देर बाद जब मैं बिल के साथ हॉल में

पहुँचा तो मालूम हुआ कि वह स्वागत-समारोह हो भी चुका। मन्त्री महोदय आये-गये हो गये। सवेरे चूँकि यह सेमीनार होना था इसलिए दूसरी कोई व्यस्तता नहीं थी लेकिन जब वही नहीं हुई तो समझ में नहीं आ रहा था कि अब क्या किया जाए? समय के सदुपयोग के ख्याल से मैंने बिल से कहा कि वह विमान-सेवा वालों से कह-पूछकर बेलग्रेड से दुबई की मेरी उड़ान की पुष्टि करवा दें। विमान-सेवा का युवा अधिकारी सज्जन था। उसने नोट कर लिया और बताया कि वह कल स्थिति बताएगा। लगा कि एक चिन्ता से थोड़ी मुक्ति मिली। बिल महाशय स्कोपिया में पढ़ाते हैं और वह आज चले जाएँगे। अब तक केवल बिल से ही परिचय था इसलिए लगा कि अब किस व्यक्ति को पकड़ा जाए? क्योंकि यहाँ कदम-कदम पर कुछ-न-कुछ कठिनाई आ ही जाती है। हालाँकि व्यवस्था बहुत अच्छी थी फिर भी दिक्कत तो आती ही है। आप न बाजार जा सकते हैं, न कुछ खरीद सकते हैं। भाषा और मुद्रा की समस्या के कारण आप विवश होते हैं। साधारण से पिक्चर पोस्टकार्ड खरीदने में परेशानी होती है। न आपकी बात दुकानदार समझता है और न उसकी बात आप तक सम्प्रेषित होती है। डाक-टिकट की आवश्यकता हुई तो पता ही नहीं चल सका कि पोस्ट ऑफिस कहाँ है? ऐसी छोटी-मोटी अनेक बातों के लिए आपको किसी पर निर्भर करना पड़ता है। बिल के चले जाने के बाद किसे पकड़ा जाए की समस्या भी थी। खैर!

शाम को एक कॉकटेल पार्टी थी। होटल की छत पर पार्टी का आयोजन बहुत ही मनोरम था। ओखरी झील और बाल्कन पर्वत माला की पृष्ठभूमि में बड़ी-सी टैरेस पर लाल मेजपोशों वाली टेबलें और लाल रंग की कुर्सियाँ देखकर पहली बार लगा कि हम किसी कम्युनिस्ट देश में हैं वर्ना तो पूरे युगोस्लाव-प्रवास में कम्युनिस्ट प्रशासन की चुस्ती जरूर दिखी परन्तु दबाव या घुटन जैसी कहीं नहीं देखने को मिली। चूँकि मार्शल टीटो के जमाने से ही युगोस्लाविया में कम्युनिज़्म का वह क्रूर, अमानवीय स्वरूप नहीं था जैसा कि रूस, चीन या अन्यत्र देखा-सुना जाता रहा। यह तो अच्छी बात थी कि होटल के कर्मचारी 'बैरा' नहीं कर्मचारी माने जाते थे। यद्यपि वे बैरा लोगों की चुस्ती से ही सारा काम करते थे लेकिन कोई हीन भाव किसी में नहीं देखा। हवाई अड्डे पर भी सफाई करनेवाले कर्मचारी

काम में मुस्तैद ही दिखे पर काम करते समय उनके व्यक्तित्वों से यह नहीं लगता था कि वे कोई गया-बीता या छोटा काम कर रहे हैं और लोग भी उन्हें नीची नजर से नहीं देखते हैं। हाँ, अतिरिक्त सारा कार्य लोग अपने से ही करते हैं। पैसा लेकर कोई काम नहीं करता और न आप पैसा देकर किसी से काम करवाते हैं। जिसका जो और जितना कार्य वह उसे करेगा ही। जबकि हमारे देश में तथाकथित 'सफाई कर्मचारी' को लोग ही नीची नजर से नहीं देखते बल्कि वह स्वयं भी ऐसा ही समझता है इसलिए काम वह काम की तरह नहीं करता बल्कि बेगार समझता है या टालने के भाव से करता है और साथ ही उसमें कहीं न कहीं मगरूरपन भी होता है।

इसी कॉकटेल पार्टी में पहली बार आस्ट्रेलिया के कवि टामस शेपकॉट को देखा जिन्हें इस वर्ष स्वर्णमाल दी जानी थी। इस प्रकार के सारे आयोजनों की प्रकृति, सभी देशों में एक ही प्रकार की होती है। लोग औपचारिक रूप से आप से मिलते हैं। आप भी न पहचानते हुए, न समझते हुए भी मुस्कराते अभिवादन कर रहे होते हैं। ऐसे में लोग कई बार ऐसे अजीब या तात्त्विक प्रश्न तक पूछ डालते हैं जिनका जवाब कोई नहीं दे सकता, खासकर इस तरह के मौकों पर तो नहीं ही। फोटोग्राफर्स आप पर रह-रह कर फ्लैश चमकाते हैं। कुछ लोग अनायास फोटो में आ जाते हैं और कुछ सायास इसी चेष्टा में रहते हैं। इन बातों से शायद बचा नहीं जा सकता क्योंकि उस क्षण आप सामाजिक सम्पत्ति होते हैं। श्री शेपकॉट भी इसी उलझन में थे। वैसे वह पूर्ण स्वस्थ लगे। आयु सत्तर के पार की ही होगी पर कसरती देह थी। उनकी दाढ़ी से हेमिंग्वे का स्मरण हो आता था। मैंने भी उन्हें 'स्वर्णमाल' के सम्मान हेतु अग्रिम बधाई दी। आदमी सज्जन लगे। यह काकटेल पार्टी थोड़ी देर में अनौपचारिक छोटी-छोटी गोष्ठियों में विभाजित हो गयी। लोग अपने-अपने परिचितों के साथ मद्यपान करते उन्मुक्त बतिया रहे थे। मैं जिस गोष्ठी का हिस्सा था उसके एक तरह से प्रमुख अंग्रेजी के कवि रिचर्ड बर्न्स थे। यह हजरत बेलग्रेड विश्वविद्यालय में वर्षों से अंग्रेजी पढ़ाते हैं। अच्छी-खासी यहाँ की भाषा जानते हैं। यह अपनी पत्नी और तीन-चार माह की बेटी के साथ इस आयोजन में मौजूद थे। यहीं पर कई देशों के कवियों से परिचय हुआ। अमरीका

से कवि-दम्पती डेविड और हेन्स से भी परिचय हुआ। हेन्स काफी बातें करती हैं। उनके पति डेविड को शायद पीने में ज्यादा रुचि थी जबकि हेन्स को अपने और अपनी रचनाओं की चर्चा प्रिय थी। हेन्स काफी खुले स्वभाव की युवती थी। पश्चिम की यह विशेषता हम भारतीयों को जरूर चौंकाती है कि इनका सारा व्यवहार इतना निर्द्वन्द्व और खुला होता है कि आपको उलझन होने लगती है। असल में हम लोगों ने कई व्यर्थ की बातों और आचरण को भी नैतिकता के दायरे में एक मनोग्रन्थि का रूप दे दिया है फलतः हमारा आचरण एक 'हिपोक्रेट' का-सा हो गया है। उनकी नैतिकता की संज्ञा या परिभाषा हमसे सर्वथा भिन्न होगी। इस गोष्ठी का लाभ यह हुआ कि कल और आज जो अकेलापन लगा था वह किसी सीमा तक दूर हुआ। लोगों ने ढेरों कविताएँ उन्मुक्त भाव से सुनायीं। मैंने भी मूल हिन्दी में तथा बाद में अंग्रेजी अनुवाद सुनाये। लोगों की तब रुचि और ध्यान तब मेरी तरफ गया। हाँ, इस गोष्ठी में रूमानिया के एक कवि ने शेक्सपीयर पर काफी मजेदार कविता सुनायी। मैं उसकी एक प्रति चाहता था परन्तु उपलब्ध न हो सकी। लेकिन कुल मिलाकर पश्चिम, खासकर यूरोप, भारत को कोई विशेष महत्त्व नहीं देता। वे शायद यह मानकर चलते हैं कि हम अनुकरण-कर्ता हैं, मौलिक नहीं। शायद उनकी दृष्टि में अन्तिम मौलिक कवि रवीन्द्रनाथ ही थे। वैसे यदि हम इसकी शिकायत करते हैं तो वाजिब नहीं क्योंकि बहुत-कुछ ऐसा अनुकरण हमारे आज के लेखन में है, जो भारत में भले ही आधुनिक, अजूबा या नया लगे पर पश्चिम के लिए तो वह बासी है। पश्चिम की एक और विशेषता है कि वह निरन्तर नये और वह भी अपनी समस्त परम्परा के परिपार्श्व के साथ न केवल परिवर्तित होता रहता है बल्कि गतिशील भी। हाँ, यदि ठहराव है, वह भी केवल ऊपरी सतह पर, तो वह साम्यवादी पूर्वी यूरोप में जरूर है। एक विशेष बात की तरफ ध्यान गया था कि युगोस्लाविया के कवियों में कोई ऐसा विशेष व्यक्ति नहीं दिखा या सुना जो आपका ध्यान आकर्षित करता। असल में भाषा और सम्प्रेषण की सबसे बड़ी कठिनाई थी। सम्भव है यहाँ के जो कवि थे, उनमें कुछ वयः प्राप्त भी थे, निश्चित ही बड़े और महत्त्वपूर्ण भी रहे होंगे परन्तु मैंने उन्हें उन्मुक्त भाव से लोगों से मिलते हुए नहीं देखा।

यह काव्य-गोष्ठी काफी रात तक बल्कि कहना चाहिए भोजन के वक्त चलती रही। शाम से रात होने की प्रक्रिया आकाश और आकाश से नीचे उतरकर बाल्कन पहाड़ियों पर देखी जा सकती थी। कैसे तब पहाड़ियों के दामन में बसी बस्तियों ने रोशनियाँ जलाकर अँधेरे में अपनी उपस्थिति दर्ज करवायीं। दिन में एक बार भले ही आपका ध्यान इनकी तरफ उतना नहीं जाता परन्तु रात में तो ये प्रकाश के फूल न केवल खिले ही लगते पर लगता जैसे सुगन्ध भी दे रहे हैं। ओखरी झील अँधेरे में अन्तिम रूप से ओझल होने के पूर्व आकाश के सारे रंगों को अपने जल में उतार लाती है, जैसे वह आकाश के रंगों को धो रही है। अँधेरा पाख था इसलिए चन्द्रमा का प्रश्न ही नहीं था। हाँ, तारे जरूर छिटके फैले थे। कहने को कहा जा सकता है कि तारे भी वही परिचित थे, साँझ भी परिचित ढंग से ही हुई थी फिर भी कुछ था जो ध्वनि देता था कि ऐसा हमारे देश में नहीं होता। वैसे प्रकृति में तो ऐसी कोई सर्वथा नयी बात नहीं थी जो हमारे देश से न मिलती हो, तब क्या? शायद वह उस देश का इतिहास, संस्कृति और सभ्यता होती है जो हमारे देखते समय हमारे अवचेतन में सक्रिय होती है और हमें भिन्नता लगती है। ऐसा लगने में प्रायः प्रकृति से कहीं अधिक मनुष्य होता है। वस्तुतः स्त्रूगा में आज पहली सन्ध्या थी जो अच्छी लग रही थी।

यहाँ मेरी सबसे दुखती रग थी—भोजन। वस्तुतः यहाँ गोमांस और शूकर-मांस ही खाया जाता है। इसी के विभिन्न प्रयोगों से कई व्यंजन बनाये जाते हैं। अतः कहना चाहिए कि मैं ब्रेकफास्ट, लंच और डिनर में एक ही प्रकार का भोजन करता हूँ—ब्रेड, मक्खन, चीज, उबले अण्डे। पीने के नाम पर जूस सवेरे मिलता है। भोजन में जब टमाटर सूप होता है तो ले लेता हूँ वर्ना इससे भी वंचित रहना पड़ता है। एकाध बार ही आलू की चिप्स मिलीं। मतलब यह कि दस दिनों तक केवल यही, वह आधे पेट ही खाना पड़ा। जिसका नतीजा यह हुआ कि मेरा स्वास्थ्य गड़बड़ा गया। साथ ही दूसरी कठिनाई पान न मिलने की थी। हालाँकि महिमा जी ने लगे पान सुखाकर चूरे के रूप में दे दिये थे और इसी से काम चलाना पड़ा। दो-चार दिन में इसकी आदत पड़ गयी। सबसे मजेदार बात तो यह थी कि यहाँ लोग भोजन के साथ भी मदिरा का ही सेवन करते हैं। वैसे भूले-भटके 'मिनरल वाटर' ले लेते हैं, पर शुद्ध पानी पीना यहाँ

कोई जानता ही नहीं। मैंने जब शुरू के दिन कई बार 'वाटर' माँगा तो युगोस्लावियन बैरा कुछ नहीं समझ सका कि मैं क्या चाहता हूँ? संकेत सब व्यर्थ चले गये। तब मैंने किसी से पूछा कि यहाँ की स्थानीय भाषा में 'वाटर' को क्या कहते हैं? और जब मालूम हुआ कि 'वोडा' कहा जाता है तो मैंने वोडा माँगा। बैरा समझा कि मुझे हाथ धोना है और संकेत से मुझे 'वाशबेसिन' दिखा दिया। पर जब मैंने संकेत से पीने के लिए वोडा माँगा तो जैसे वह आसमान से गिरा हो कि क्या पानी पिया भी जाता है? दो चार दिनों में अधिकांश लोग जान गये कि मैं काफी विचित्र व्यक्ति हूँ तो सिवा ब्रेड-बटर के और कुछ भी नायाब वस्तुएँ नहीं खाता-पीता। मुझ पर तरस खाने वालों में बुदिमका ही ऐसी महिला निकली जो सचमुच ही दुखी हुई। वह चूँकि स्थानीय जैसी ही थी, अतः पूछा कि मैं क्या खाना चाहूँगा या खा सकता हूँ, वह बाहर से बनाकर ले आ सकती है। उसकी इतनी चिन्ता ही मेरे लिए बहुत थी क्योंकि यदि उत्साह में वह कुछ बनाकर लाती तो वह भी तो नहीं खा सकता था। यहाँ के लोगों के लिए यह कल्पनातीत है कि आप मांस नहीं खाते, उनकी तरह मदिरा नहीं पीते। लेकिन कुल मिलाकर फिर भी यह कोई विशेष समस्या नहीं थी। पर मैं कमजोर हो गया था। इसकी प्रतीति मुझे 28 अगस्त की रात को हुई। उस समय बुदिमका भी मौजूद थी। मैं अपने को साधे रहा नहीं तो गिर पड़ता। खैर!

26 अगस्त

26 अगस्त को बेलग्रेड से दुबई की उड़ान की सम्पुष्टि हो गयी तो चैन आया। पूर्व योजना तो यही थी कि ओहरिड से सीधे बेलग्रेड

जाऊँगा 30 अगस्त को और तब वहाँ से दुबई लेकिन इस बीच परिवर्तन यह हुआ कि यहाँ का आयोजन 28 की रात को ही समाप्त होना था। उड़ान के कारण मुझे यहाँ 29 को रुकना था पर इस बीच आयोजकों ने कई स्थानों पर अलग-अलग कवियों का काव्य-पाठ आयोजित किया। मुझसे पूछा गया कि क्या मैं यहाँ 29 और 30 को रुकना पसन्द करूँगा या प्रिलेप और स्कोपिया काव्य-पाठ के लिए जाना पसन्द करूँगा। यह भी बताया कि यदि जाना चाहूँ तो मेरा टिकट जो कि ओहरिड से बेलग्रेड का था, बदलवाकर इसी को स्कोपिया से बेलग्रेड का करवा दिया जा सकता है। यदि टिकट परिवर्तित हो जाता है तो मैं यहाँ अकेला होटल में रुककर क्या करूँगा? अतः मैंने प्रिलेप और स्कोपिया के लिए स्वीकृति दे दी और मेरा टिकट तदनुसार ही परिवर्तित हो गया। एक और अच्छी बात यह हुई कि जो सज्जन शुरू में, श्री स्तेवानोव मिले थे, वही मुझे लौटानी में बेलग्रेड में मिलेंगे, इस कारण वहाँ कोई कष्ट नहीं होगा, और हुआ भी ऐसा ही।

आज सवेरे सारे अतिथि बस से ओहरिड ले जाये जा रहे थे। वहाँ सन्त सेफिया के प्राचीन चर्च में भी आयोजन का एक हिस्सा आयोजित किया जाता है। वस्तुतः स्त्रूगा और ओहरिड के बीच मुश्किल से पन्द्रह किलोमीटर की दूरी होगी। वस्तुतः अभी तक किसी से भी कोई विशेष आत्मीयता नहीं हुई थी इसलिए ओहरिड जाने का कोई उत्साह नहीं था। पर फिर भी तैयार होकर जब नीचे हॉल में पहुँचा तो सभी लोग बस में बैठने की तैयारी में थे। मैं भी एक ओर जाकर सीढ़ियों के नीचे पोर्च में खड़ा होकर देखने लगा। मैं सोच रहा था कि हुआ तो चला जाऊँगा वर्ना यहीं होटल में रुका रहूँगा दोनों बसें भरने लगी थीं। सब अपने में या अपनों में तल्लीन थे। तभी मैंने देखा कि वासन्ती रंग की पश्चिमी भूषा में एक महिला मेरी ओर बढ़ी आ रही है। इस चेहरे को मैं चाहूँ तो रोमानियन, हंगेरियन चपटे चेहरों में से एक मान सकता था। वस्तुतः ऐसे चेहरे डेन्यूब के किनारे के मध्य यूरोपीय देशों में ही पाये जाते हैं। युगोस्लावियन चेहरे ज्यादा लम्बे और थोड़ा यूनानीपन लिये होते हैं जबकि इस महिला का चेहरा चपटा और गोल था। वह मेरे पास आयी। वैसे मैंने इस क्षण के पूर्व तक नहीं देखा था। गत दो दिनों में यदि देखा भी होगा तो ध्यान नहीं गया होगा। आते ही अंग्रेजी

में पूछा कि क्या मैं ओहरिड नहीं चल रहा हूँ? मैंने अस्वीकार तो नहीं किया पर मेरे स्वर और उत्तर में आश्वस्ति जैसा कुछ न देखकर वह बोली—कम ऑन!! और मैं कुछ कहूँ इसके पूर्व ही वह मेरे हाथ में हाथ डालकर बस की ओर बढ़ी। अपने संस्कारों के कारण मुझे बड़ी उलझन हो रही थी कि एक नितान्त अपरिचित महिला हाथ में हाथ डालकर आपको लिये जा रही है, जैसे वह ऐसा किसी निकट के सम्बन्ध के कारण कर रही है। वस्तुतः वह मुझे लिये-दिये ही बस में चढ़ी और अपने पास की सीट पर बैठालकर निश्चित भाव से देखते बोली कि पहले दिन उसने मुझे जिस भारतीय भूषा में देखा था, वह उसे बहुत प्रिय है और मुझे यह पश्चिमी भूषा के स्थान पर वही पहनना चाहिए था। और इस सारे वार्तालाप में उसका नाटकीय मुद्रा में मेरे परिधान का हवा में हिलना, मेरे बोलने में जो संकोच है उस पर हँसते हुए टीका-टिप्पणी—वह इतने खुलेपन और मुक्त स्वर में कर रही थी कि मैं अवाक् था। आगे-पीछे जो लोग बैठे थे वे शायद स्थानीय ही अधिक थे और यह महिला उनसे उनकी ही भाषा में जो कह रही थी और उसके बाद वे सब स्त्री-पुरुष जिस भाव से मुझे देखते हुए हँसते-मुस्कराते बोल रहे थे उससे मैं समझ गया कि इस सारी बात का विषय मैं ही हूँ। ओहरिड पहुँचने तक वह बता गयी कि उसे भारत में बहुत रुचि है, खासकर पुनर्जन्म के सिद्धान्त के बारे में। वह मुझे बराबर कोंचे जा रही थी और मैं नहीं समझ पा रहा था कि इस अनजान महिला को इस आधारभूत तत्त्वज्ञान के बारे में कैसे क्या 'बताऊँ। उसके सारे व्यवहार और वार्तालाप का ढंग यह था कि उसे मुझसे व्यवहार और बातें करने में न कोई संकोच है और न ही वह अजनबीपन महसूस करती है। जो हो उसके प्रति मैं शेष प्रवास में आभारी ही बना रहा क्योंकि उस दिन के बाद से वह निरन्तर छाया की भाँति मेरे चारों ओर बनी रही।

ओहरिड, स्त्रूगा से भी ज्यादा खूबसूरत जगह थी। आधी बस्ती पहाड़ी पर थी और बाजार, पार्क तथा शेष बस्ती नीचे मैदान में, जो कि झील से सटा हुआ था। निश्चित ही उस दिन छुट्टी का अवकाश रहा होगा। तभी तो झील से सटे पार्क और बड़े से लॉन में छतरियों के नीचे टेबल-कुर्सियों पर बड़े ही अनौपचारिक भूषा और व्यवहार के साथ लोग धूप का गुनगुनापन और झील की ओर से आती ठण्डी हवाओं का आनन्द मदिरा-पान के साथ ले रहे थे। उसके चारों ओर

मोटरें ही मोटरें फैली, खड़ी थीं। काफी लोग अपनी रबर की डोंगियाँ उठाये झील किनारे या उतरने की राह में खड़े थे या फिर जल-क्रीड़ा करते नावें खेते झील में उतरा रहे थे। वस्तुतः ओखरी झील, छोटे-मोटे समुद्र से कम नहीं है। यह युगोस्लाविया और अलबानिया के बीच में फैली हुई है। बसों ने झील किनारे हम लोगों को उतारा और कहीं चली गयीं। लोग अपने-अपने झुण्ड में सन्त सेफिया के चर्च की ओर चले। इस तरह के सर्वथा अपरिचित वातावरण और स्थान में भटक जाने की सम्भावना रहती है। वैसे पहचान के लिए मैंने कुछ लोगों को ताड़ रखा था कि ये लोग जिधर जाएँगे उधर ही जाया जाएगा पर इसकी आवश्यकता नहीं पड़ी क्योंकि बुदिमका मेरी पथ-प्रदर्शक् थी। पर उसके साथ एक कठिनाई यह थी कि बतरस की झोंक वह कब, किन लोगों के साथ, कितने पीछे छूट गयी है, पता ही नहीं चलता था इसलिए मुझे हर बार पीछे मुड़कर उसकी टोह लेनी पड़ती थी।

ओहरिड का महत्त्व ज्यादा है। यहाँ रोमन काल के एक किले के परकोटे अभी भी खड़े थे। साथ ही तुर्किस्तान के आटोमन साम्राज्य के दुर्दमनीय दमन और आक्रमण को इस बस्ती ने काफी झेला था। मुसलमानों ने जिस नृशंस तरीके से इसे ध्वस्त किया था उसका कुछ-कुछ प्रभाव अभी भी यहाँ की पुरानी इमारतों पर स्पष्ट था। वैसे हम भारतीयों ने भी इस दुर्दान्तता को देखा और भोगा है परन्तु काल के साथ वह घाव किसी सीमा तक भर भी गया है जबकि यहाँ लोगों ने उसे आज भी जीवन्त बनाये रखा है। वे भूले नहीं हैं कि तुर्किस्तान ने इस भू-भाग का सबसे प्रसिद्ध सन्त सेफिया का चर्च ही विनष्ट और भ्रष्ट नहीं किया बल्कि कई सुन्दर प्राचीन मठ तक ध्वस्त किये।

सन्त सेफिया का चर्च पहाड़ी पर है। वैसे पहाड़ी ज्यादा ऊँची नहीं है पर धूप की तेजी के कारण मुझे थोड़ी असुविधा हो रही थी, लेकिन बुदिमका रह-रहकर मेरी बाँह थाम लेती थी और अपनी मजेदार बातों से उत्साहित करती रही। यहाँ प्रत्येक मकान में कार दिखती है। पहाड़ी रास्ता पूरा पत्थरों से मँढ़ा हुआ है। सन्त सेफिया का चर्च सम्भवतः नौवीं शताब्दी का है। यह उस प्राचीन धार्मिक स्थान पर बनाया गया है जब यहाँ पुराना धर्म फैला हुआ था लेकिन जब इस भूभाग के समस्त लोगों ने ईसाई धर्म अंगीकार किया तो

यहाँ चर्च बनाकर उसी प्राचीन स्मृति को नष्ट कर दिया। अब तो तुर्की आक्रमण के कारण यह काफी जीर्णावस्था में है, यद्यपि इसके जीर्णोद्धार का कार्यक्रम चल रहा है, पर इसका शिल्प कई अर्थों में अनूठा है। जब यह अपने मूल रूप में रहा होगा तब निश्चित ही मार्मिक रहा होगा। आज की दृष्टि से इसे कोई बहुत-बड़ा चर्च नहीं कहा जा सकता परन्तु किसी युग में यह काफी बड़े और महत्त्वपूर्ण चर्चों में गिना जाता था। वैसे इधर के भू भाग में ईसाई धर्म के 'आर्थोडॉक्स चर्च' के अनुयायी ही पाये जाते हैं। मैं चाहता जरूर था कि इस सम्प्रदाय पर कुछ सामग्री मिल जाती, पर कुछ भी उपलब्ध नहीं हो सका। इस चर्च की बाहर की दीवारें पत्थर की हैं तथा टाइल्स का छाजन है। वास्तुकला की दृष्टि से इसे सुषमित ही कहा जाएगा। चर्च का जो प्रमुख हाल है उसमें दो सौ व्यक्ति भी मुश्किल से बैठ सकते हैं। भित्ति-चित्र, तुर्की मुसलमानों की कृपा से काफी नष्ट हो चुके हैं। मुसलमानों ने इन सारे भित्ति-चित्रों को नष्ट करने के अलावा चूने और पलस्तर से मटियामेट कर देने की कोशिश की। बाद में अनायास ये भित्ति-चित्र विनष्ट रूप में सामने आये। कुछ बड़े भित्ति-चित्र जो हैं उनके पलस्तर निकल गये हैं या फिर बदरंग हो चले हैं लेकिन मूल गुम्बद में अभी भी थोड़े भित्ति-चित्र स्पष्ट हैं। इस गुम्बद के नीचे जो 'सेंक्युअरी' है वहाँ मुसलमानों ने अपना इबादतखाना बनाने के लिए नमाज के लिए सीढ़ियाँ और चौकी बना दी हैं, जिसके कारण वहाँ का सारा सौन्दर्य गड़बड़ा गया है। मुझे यह देखकर धार की भोज की पाठशाला याद आ गयी जिसे मस्जिद बनाने के लिए ऐसी ही सीढ़ियाँ और चौकी बनायी गयी हैं और दोनों ही जगह इसके लिए उन्हीं भवनों के पत्थर पथ में लिये गये हैं। वर्षों बाद जब मुसलमानों से यहाँ के लोगों की मुक्ति हुई तब वर्षों यह चर्च उपेक्षित ही रहा। शायद साम्यवादी शासन आ जाने के बाद इस चर्च पर ध्यान दिया गया। इसकी सफाई के समय ही दीवारों के चूने और पलस्तर की सफाई में भित्ति-चित्र सामने आये और तब बहुत सावधानी से इन्हें बचाने की कोशिश की गयी। वैसे अब इसमें कोई धार्मिक चर्चा आदि तो नहीं होती पर इसके साथ पूरे युगोस्लाव का लगाव बहुत है तथा इसके प्रति गहरी आस्था और सम्मान भी। अब यह राष्ट्रीय स्मारक जैसा बन गया है और इसके पुनर्निर्माण तथा देखरेख का कार्य इन दिनों जोरों पर चल रहा था। मुझे बताया गया

कि 28 अगस्त को समापन के कार्य का एक अंश पहले इस चर्च में होता है और वह इस बार 26 अगस्त को होगा। मतलब आज रात फिर यहाँ आना है।

सन्त सेफिया के चर्च से थोड़ी ऊपर 'चर्च क्लीयेंसी' है, जो है तो छोटा-सा परन्तु भित्ति-चित्रों की दृष्टि से इसलिए अधिक सुन्दर है कि यहाँ के चित्र उतने नष्ट नहीं हुए हैं। यहाँ के चित्रों में नीला रंग और स्वर्णिम आभा विशेष ध्यानाकर्षण करते हैं। यहाँ चर्च के बाहर एक वृद्ध महिला टिपिकल काली भूषा और काला रूमाल सिर पर बाँधे अपनी पौत्री या प्रपौत्री के साथ कुछ 'आइकॉन' बेच रही थी। उसे देखकर लगा कि पुराने जमाने की युगोस्लावी महिलाएँ कैसी भूषा पहनती रही होंगी। समय और भूषा दोनों के कारण लोगों के व्यक्तित्व कैसे और कितने बदल जाते हैं। यहाँ के लोग कम-से-कम हर दृष्टि से पूर्व और पश्चिम के मिश्रण लगे। यूरोपीय तो ये हैं ही पन्तु वर्ण, आकृति और चरित्र आदि में भी मध्य एशिया ही नहीं बल्कि कहीं-कहीं उत्तर भारतीय वर्ण और आकृति का छींटा भी हलका दिखता है। एक ओर अपने नीले नेत्र, कई प्रकार के चेहरे और आकृति से कभी डेन्यूब, कभी रूस की याद दिलाते हैं तो ईरान-इराक या मिस्र का भी प्रभाव कुछ तो है ही। कुछ लोगों को देखकर लगभग भारतीय होने का भी भ्रम होता है। कुछ का वर्ण भी गेहुएँपन को लिये हुए देखा। मैं युगोस्लाविया भाषा तो नहीं जानता परन्तु कुछ उच्चारणों से ऐसा प्रतीत होता था जैसे अरबी और फारसी का प्रभाव निश्चित ही है। वैसे यहाँ स्थानीय मुसलमान बहुत ही कम हैं। जो हैं भी उन्हें बिना कहे-बताये नहीं पहचाना जा सकता, जैसे मुकोस्का देस्पिना, जो मुसलमान थी, पर यह तभी मालूम हुआ जब बातों में उसने बताया वर्ना तो वह किसी यूरोपीय से कम नहीं लगती थी। हाँ, पास के देश अल्बानिया के मुसलमान जो यूरोप का हिस्सा होने के बावजूद अपनी वेशभूषा, रहन-सहन में मुसलमान ज्यादा ही हैं। और तो और बच्चों की तादाद बढ़ाने में वे एशियाई मुसलमान की तरह ही आचरण करते हैं इसलिए सुना है उनके यहाँ गरीबी, रोजगार की समस्या एशियाई देशों जैसी ही है जबकि युगोस्लाविया में इसके ठीक विपरीत है। 'चर्च क्लीयेंसी' से हम लोग तब दूसरे रास्ते से, जो कि निर्जन और अरण्य-प्रधान था,

लौटे। यह उतराई का मार्ग रम्य था। मैं अकेला रह गया था परन्तु अपने पीछे साथी थे इसलिए चिन्ता नहीं थी कि कहीं भटक जाएँगे। हाँ, बुदिमका हस्बमामूल कुछ लोगों से हँसती-बतियाती पीछे छूट गयी थी। कठिनाई यह थी कि मेरी तरह अन्य लोग भी तो यहाँ विदेशी थे लेकिन निश्चित ही उन लोगों ने भी तो अपने आगे जाते किसी स्थानीय युगोस्लावियन को ताड़ रखा होगा कि उसके पीछे ही चला जाए। एकाध चौराहे पर हम लोग थोड़ा भटके पर तब तक मदाम बुदिमका अपनी प्रसन्न मुद्रा में निश्चिन्त दिखाई दीं और हम लोग किसी तरह अपनी बसों तक पहुँचे।

लौटते हुए दोपहर हो गयी थी। भूख लगना स्वाभाविक था पर मेरे लिए तो ब्रेकफास्ट, लंच और भोजन सभी एक ही व्यंजन था, डबलरोटी, मक्खन, चीज। हुआ तो एकाध उबला अण्डा या भूले-भटके आलू-चिप्स अथवा टमाटर का सूप। इसलिए रुचि तो नहीं थी पर भूख को तो शान्त या शान्त-जैसा करना ही पड़ता था। कमरे में पहुँचकर शाम को फिर ओहरिड जाने के लिए विश्राम करना जरूरी था।

ओहरिड के सन्त सेफिया चर्च के साथ यहाँ के लोगों का लगाव कितना गहरा और गम्भीर है यह बिना देखे नहीं समझा जा सकता। शायद यहाँ के लोग इस चर्च में गये बिना अपना कोई भी महत्त्वपूर्ण कार्य सम्पन्न नहीं करते होंगे वर्ना इतनी रात में चर्च के उस छोटे से हॉल में इतने लोगों का आयोजन करने का अर्थ नहीं समझ पा रहा था। आज सवेरे जब आया था तब देखा था कि हॉल में, मतलब चर्च में हर चीज खस्ता हाल है पर बीच में रखा एक पियानो अलग से चमचमाता रखा था। उस समय तो ध्यान नहीं गया कि जब यहाँ 'सर्विस' नहीं होती तो पियानो क्यों है? पर उसका अर्थ शाम वाले कार्यक्रम में समझ में आया। चर्च में ढेर सारा प्रकाश कर दिया गया था। साथ ही कुर्सियाँ भी थीं, परन्तु लोग कहीं ज्यादा थे इसलिए खड़े-बैठे लोगों से हाल और दीर्घाएँ से तथा ऊपर के गवाक्ष और निकले बारजे भी भरे हुए थे। एक प्रकार से जिस कवि को इस वर्ष स्वर्णमाल दी जानी थी, उसे प्रभु के सामने प्रस्तुत करने की प्रथा थी। फोटोग्राफरों, टेलीविजन वाले अपने काम में लगे हुए थे। यहाँ के लोग आवश्यकता से अधिक एक शब्द ज्यादा नहीं बोलते। आयोजक, संयोजक या संस्था के अध्यक्ष मुश्किल से दो-दो

मिनट से अधिक कभी कहीं नहीं बोले होंगे। हाँ, यहाँ जो कवि के विषय में प्रशस्ति-पत्र पढ़ा गया वही शायद थोड़ा लम्बा रहा होगा वर्ना स्वयं कवि श्री टामस शेपकॉट ने बहुत ही संक्षिप्त रूप में आभार प्रकट किया और 'साइतोंस' नामक अपनी एक कविता पढ़ी। इसके बाद संगीत का कार्यक्रम था। इसी के लिए पियानो सवेरे ही यहाँ पहुँचा दिया गया था। पियानो वादन एक सुषमित, सुन्दर महिला कर रही थी तथा पश्चिमी गायकों वाली विशिष्ट काली भूषा में गायक ने चार-पाँच गीत गाये, जिन्हें लोगों ने बहुत पसन्द किया। गायक निश्चित ही इस क्षेत्र का प्रसिद्ध गायक रहा होगा। गायन समाप्त होने पर लोगों ने, विशेषकर स्त्रियों ने उसकी अभ्यर्थना चूम कर की। चूँकि हम सब पहुँचे थे उस समय हॉल भर चुका था परन्तु बुदिमका ने किसी तरह दूसरी पंक्ति में मेरे लिए जगह प्राप्त कर ही ली। कुल मिलाकर यह कार्यक्रम अच्छा रहा। यदि यही कार्यक्रम हमारे यहाँ होता तो इसमें कम से कम दो घण्टे और जोड़ दिये जाते। खैर लौटते में रास्ते भर सोचता रहा कि प्राचीन धुँधले पड़े भित्ति-चित्रों की साक्षी थें, मेहरावों के बूढ़ेपन के नीचे भला यह आयोजन भव्य कैसे लग सकता था परन्तु कहीं कुछ ऐसा सम्बोधन अवश्य था जो आपके मन को गहरे स्पर्श करता था। लगता था जैसे आप विगत इतिहास के द्वार पर दस्तक दे रहे हैं और भित्ति चित्रों के पादरी स्थापना, प्रसंग और कथाएँ जैसे विवश आपको देखते मौन हैं, जैसे कह रहे हों कि हम विगत की उस सीमा पर पहुँच गये हैं जहाँ से हम केवल आभास देते हैं, अभिव्यक्त तो नहीं ही हो सकते। मंच के कोने में तुर्कियों द्वारा बनायी गयी वह इबादत की सीढ़ी न केवल अप्रासंगिक ही लग रही थी बल्कि अपने आकाओं की धर्मान्धता के लिए ऐसी लज्जित लग रही थी जैसे कह रही हो कि यदि मुझे यहाँ से आज उखाड़ दें तो वह अपने पैरों चलकर तुर्किस्तान पहुँच जाएगी। पूरे रास्ते बुदिमका स्तोवानोव सवेरे भी साथ थी और इस समय भी। आज उसने टुकड़ों-टुकड़ों में अपने जीवन के बारे में काफी कुछ संकेत दिये। शायद ही कोई मनुष्य होगा जो अपने पैरों के नीचे दर्द दबाकर न खड़ा होगा। बुदिमका की कहानी भी कोई अपवाद नहीं थी। उसकी कहानी तो बाद में सुनी थी लेकिन उसे देखते ही उसे मैंने जो रूमानिया-हंगरी का समझा था, वह एकदम सही निकला। उसकी माँ रूमानिया की थी और पिता सरवरियन।

उसका पहला पति युगोस्लाविया का था जिससे उसे एक पुत्र भी हुआ परन्तु पति और पुत्र दोनों किसी कार-दुर्घटना में एक साथ चल बसे थे। इस घटना ने बुदिमका को पूरी तरह झकझोर दिया था। उन्हीं दिनों वह फिसल पड़ी थी जिसके कारण उसके एक पैर की हड्डी टूट गयी थी और महीनों अस्पताल में पड़ी रही। पैर की हड्डी वैसे तो जुड़ गयी थी पर फिर भी हल्का-सा लँगड़ा और दर्द जीवन भर के लिए मिला, परन्तु अपने मौजी स्वभाव के कारण अपने सारे दर्द, अभाव भूली ही नहीं रहती थी बल्कि पता भी नहीं चलते देती थी। उसे असल में भारत से बड़ा लगाव था। जिन दिनों वह अस्पताल में थी, उन्हीं दिनों अस्पताल में एक मिस्री मुसलमान युवक से परिचय हुआ और यह परिचय बाद में परिणय में परिणत हुआ, जिससे उसे एक सन्तान सम्भवतः लड़की हुई। अपनी इस बेटी को बेलग्रेड के पास अपने भाई-भाभी के परिवार में बड़े होने के लिए छोड़े हुए है और स्वयं बेलग्रेड में एक प्रकार से फ्रीलांसिंग करती है। वह पत्रों के लिए लिखने से लेकर प्रदर्शन सम्बन्धी काम भी करती है। हालाँकि उसने बताया तो नहीं परन्तु आर्थिक दृष्टि से शायद बहुत साधारण स्थिति में ही है लेकिन दो-एक बार मैंने उदारतापूर्वक खर्च करते देखा। उसने देखा कि मेरे पास युगोस्लाविया करेंसी बहुत ही कम है तो वह अपने पास से देने के लिए तत्पर हुई थी। धर्म से वह शेष युगोस्लावियों की तरह ही आर्थोडॉक्स चर्च की मानने वाली थी, जबकि उसका यह दूसरा पति मुसलमान था। वह काहिरा में इंजीनियर था। कभी-कभी उसके पास हो आती है परन्तु ऐसा लगता है कि बुदिमका ने अपना रास्ता, अपना संघर्ष स्वतन्त्र ही रखा है। इसका जो भी कारण हो। यह एक यूरोपीय चरित्र और स्वभाव भी हो सकता है अथवा पति-पत्नी के बीच की कोई बात भी हो सकती है। लेकिन कुल मिलाकर, बुदिमका बहुत ही जीवट महिला लगी। मुझे यह कहने में कोई संकोच नहीं कि बुदिमका के कारण यहाँ का मेरा अजनबीपन एक प्रकार से दूर हुआ। अंग्रेजी वह जानती थी पर कामचलाऊ ही। वैसे यहाँ मैंने किसी को भी बहुत अच्छी अंग्रेजी जानते नहीं देखा। हाँ, फ्रेंच और स्पेनी जानने वाले तो थोड़े दिखे भी। लेकिन अँग्रेजी न कुछ के बराबर ही।

ओहरिड से स्त्रूगा पहुँचते बारह से भी ज्यादा हो गये थे।

बुदिमका होटल तक आयी। मेरा ख्याल था कि वह भी यहाँ किसी कमरे में ठहरी होगी। पर नहीं वह इतनी रात में 'गुड नाइट' कहकर सुनसान सड़क पर अकेली जाती दिखी, तो मुझे थोड़ी असुविधा हुई। मैं उससे यह भी नहीं पूछ सका कि वह इतनी रात में क्या अकेली ही जाएगी? और कितनी दूर? सड़क की बत्तियों में उसकी अपनी ही छाया पैरों से बँधी आगे-पीछे होती हुई उसे कहीं ले जा रही थी।

27 अगस्त '89

स्त्रूगा से पश्चिम, झील के किनारे-किनारे करीब राठ किलोमीटर दूर एक मठ है—नौम मठ। इस स्थान से आधा किलोमीटर की दूरी से ही पास के अलबानिया देश की सीमा लग जाती है, बल्कि आपको संयुक्त सीमा पर दोनों देशों की पताकाएँ तथा चौकियाँ भी दिखलाई देती हैं। मठ तक की यह यात्रा बड़ी ही मनोरम है। बाल्कन पहाड़ियों पर पूरे समय आप चढ़ते-उतरते होते हैं। पूरे रास्ते आपको जगह-जगह होटल, रिहायशी कॉटेजे मिलेंगी। आवासों का यह सिलसिला जैसे खत्म ही नहीं होता। झील किनारे लोग अपनी कारें खड़ी करके रबड़ की नावों में चप्पू चलाते दिखेंगे या फिर अपने परिवार या प्रिया के साथ एकान्त और अवकाश दोनों का आनन्द लेते मिल जाएँगे। बच्चे भी स्विमिंग सूट में या तो किनारों पर पानी छपछपाते होंगे या फिर रंगीन गुब्बारे उड़ाते या फुटबॉल खेलते होंगे। इन्हें इस प्रकार निश्चिन्त अवकाश मनाते देखकर बिना कैलेण्डर देखे भी आप कह सकते हैं कि या तो कोई छुट्टी का दिन है या फिर रविवार। और आज वास्तव में रविवार था। प्रकृति ने भी इस भू-भाग पर वनस्पतियों और वनानियों की काफी कृपा कर रखी है। वैसे बाल्कन पहाड़ियाँ,

कम-से-कम यहाँ तो दो या अढ़ाई हजार फीट से ज्यादा ऊँची नहीं हैं पर सघन शृंखला होने के कारण मेघ इनका तिरस्कार या उल्लंघन विशेष नहीं कर पाते हैं इसलिए वर्षा अच्छी-खासी होती है। वृक्ष भी कद्दावर ही दिखे। वैसे इधर के वृक्षों के नाम तो नहीं जान पाया परन्तु वृक्षों की प्रकृति पर्वतीय ही लगी। यहाँ के लोगों का यह अवदान निश्चित ही मानना होगा कि यदि प्रकृति ने अपने को सुन्दर रूप में अभिव्यक्त किया हुआ है तो मनुष्य ने भी उसी सुषमा के साथ अपने आवास, मार्ग, बस्तियाँ सब बसा रखी हैं। दोनों के तालमेल में कोई कमी नहीं होगी जबकि इसके ठीक विपरीत हमारे पर्वतीय प्रदेशों में मिल जाएगा। गरीबी एक चीज है पर दरिद्रता तो स्वत्व की होती है। अंग्रेजों ने जो थोड़े से 'हिल-स्टेशन' बनाये थे उनके अलावा उसके पूर्व या उसके बाद गत चालीस वर्षों में हम कोई भी नया रमणीक स्थल बसा सके? वस्तुतः हमारे पास वह आधारभूत सौन्दर्य-दृष्टि ही नहीं है, जो पश्चिम के पास है। ठीक है पश्चिम के पास अपनी कमियाँ, खामियाँ हैं परन्तु उनके पास जो अच्छा है, कभी उसे हमने सात्त्विक रूप में ग्रहण और स्वीकार किया? हमने उनके रुग्ण व्यक्तित्व और पद्धति की वो बातें ग्रहण कीं जो न तो हमारे साँचे में तदाकृत हो सकीं और न ही हम पर वे ज़ेब देती हैं। पश्चिम का अर्थ केवल जींस, शराब या चारित्रिक उच्छृंखलता ही नहीं है। बल्कि राय रचने की एक गहरी समझ, सूझ-बूझ भी है। अमरीकी शोर, रम्बा-सम्बा की तरफ ही हमारा ध्यान क्यों गया, जबकि यूरोप की प्रशान्त शान्त, एकान्त सौन्दर्य, ब्राह्मो और मोज़ार्ट की मधुर सिम्फनी भी तो अर्थवान हैं क्या किसी दिन हम यह समझ सकेंगे कि हमारे पास न पूर्व, न पश्चिम किसी की भी श्रेष्ठता, रचनात्मक संकल्प कुछ भी तो नहीं है। हम यदि पारम्परिक हैं तो वह भी अप्रासंगिक फूहड़पन है और यदि आधुनिक हैं तो वह विद्रूप रूप में है। वस्तुतः हम सांस्कृतिक विदूषक ज्यादा हैं। इसका अहसास बराबर लोगों से बातें करते हुए हुआ। एक भी ऐसा कवि नहीं मिला जो भारत की किसी भी भाषा के किसी भी कवि को जानता रहा हो, पर हाँ प्राचीनों में उन्हें केवल रामायण और महाभारत की जानकारी थी तथा कवियों में कालिदास। जबकि आधुनिकों में वे केवल रवीन्द्रनाथ ठाकुर का ही नाम जानते थे और व्यक्तियों में सिर्फ महात्मा गाँधी। बल्कि कहना चाहिए कि 'इण्डिया' और 'गाँधी' दोनों

उनके लिए पर्यायवाची थे। वैसे मैंने कुछ आधुनिक लेखकों की चर्चा चलानी चाही भी, पर वे उनके बारे में कुछ भी नहीं जानते थे। चूँकि इस आयोजन में मुझसे पूर्व अज्ञेय, सीताकान्त महापात्र, नीलकान्त बरुवा आदि आ चुके थे इसलिए एकाध किसी से थोड़ी-सी काम-चलाऊ चर्चा आ गयी। कई कवियों ने, विशेषकर साम्यवादी देशों के कवियों ने तो खुलकर कहा कि आपकी भाषा में आधुनिकता के नाम पर यह पश्चिम की जूठन क्यों लिखी जा रही है? और इससे क्या होगा? आप अपनी परम्परा को क्यों नहीं आधुनिक परिपार्श्व देते? क्यों आधुनिकता का अर्थ आप केवल पश्चिम को ही स्वीकार करते हैं? क्या आपकी आधुनिकता का कोई भिन्न स्वरूप या सत्ता नहीं हो सकती? एक शाम गैलरी की कुर्सियों पर हंगरी के कवियों के साथ बुदिमका भी बैठी हुई थी। मैं फोटोग्राफ देखने में व्यस्त था। वह आयी और मुझे वहाँ लिवा ले गयी। उसने उन कवियों से परिचय कराया। वैसे एक छोटी-सी काव्य-गोष्ठी में हम लोग एक-दूसरे को देख चुके थे, पर परिचित नहीं हुए थे। इस गोष्ठी में, बल्कि सभी गोष्ठियों में मैं हिन्दी और अँग्रेजी दोनों में कविताएँ सुनाता था। अंग्रेजी में सुनाने के कारण सम्प्रेषण का दायरा बढ़ जाता था। हंगरी के कवियों ने भी वे कविताएँ सुनी थीं। वैसे लगता तो नहीं था कि उन्हें कुछ खास अँग्रेजी आती थी पर किसी से वे उनका भाव सुनते रहे थे। जैसे ही परिचय हुआ तो उन्होंने मदिरा के लिए आग्रह किया। मेरे मना करने पर कुछ चौंके पर फिर बड़े खुलकर हँस दिये। वस्तुतः हंगरी के इन दोनों कवियों को देखकर हँसना तो मुझे चाहिए था क्योंकि अपने आकार-प्रकार और आदतों से कवि तो दूर-दराज तक नहीं लगते थे पर आसानी से उन्हें 'हेवी वेट चैम्पीयन' कहा जा सकता था। जो महाशय थोड़ा ज्यादा पी गये थे वह बोलने को बहुत आतुर थे। पर भाषा बाधक बन रही थी। बुदिमका ने उसकी सहायता की। वह जो कुछ कहना चाहते थे, उसका अँग्रेजी अनुवाद बुदिमका करती जाती थी और वैसे बुदिमका की भी अँग्रेजी कुछ खास तो नहीं थी। पर सम्प्रेषित हो जाता था। उसने आधुनिक भारतीय कविता थोड़ी देखी है और उसे उससे बड़ी निराशा हुई। वह भी भाषा की विवशता समझ रहा था इसलिए उसे उलझन हो रही थी। उसने शायद रामायण, महाभारत, कालिदास और रवीन्द्रनाथ पढ़ा हुआ था। पता नहीं कितना पढ़ा था, परन्तु वह बहुत प्रभावित लग

रहा था। उसकी राय थी कि भारतीय कविता को अपनी भूमि और अस्मिता नहीं छोड़नी चाहिए और उसे मेरी कविताओं में यही अच्छाई दिखलाई दी। उसकी राय में तो भारत ही एकमात्र ऐसा देश है जो मानवता का त्राता बन सकता है। मैं उस कम्युनिस्ट कवि को देखता ही रह गया। शायद कोई गहरी पीड़ा या व्यथा थी जिसे वह स्पष्ट तो नहीं कर सकता था परन्तु भारत को एकमात्र त्राता मानना—एक बहुत बड़ा संकेत था। निश्चित ही व्यवस्था का दबाव एक कवि अनुभव कर रहा था और जिसे वह दूसरे देश के एक कवि के सामने अन्य प्रकरण के माध्यम से एक भिन्न देश में किसी सीमा तक अभिव्यक्त और सम्प्रेषित कर रहा था। इसी प्रकार अर्जेण्टीना के कवि जार्ज एरियल मदराजो से थोड़ी काव्य-विषयक चर्चा हुई थी। वह बार-बार भारतीय राजनीति की चर्चा पर आ जाते थे लेकिन फिर भी उनका अपना काव्य-सम्बन्धी दृष्टिकोण निश्चित था। असल में पश्चिम के लोगों की सबसे बड़ी कमी यह है कि वे लोग अपने अलावा किसी भी देश, समाज, सभ्यता, साहित्य और संस्कृति के बारे में विशेष नहीं जानते। जो भी जानते हैं वह भी कुछ ऐसा ही होता है जैसे सैलानियों के लिए जो पुस्तिकाएँ तैयार की जाती हैं उनमें बहुत काम-चलाऊ सूचनाएँ और नाम दे दिये जाते हैं, बस, बहुत-कुछ ऐसा ही लगता है। हालाँकि वे अपनी पश्चिमी परम्पराओं के बारे में काफी निष्णात होते हैं। इसका नतीजा यह होता है कि आप तो उनके बारे में काफी-कुछ जान रहे होते हैं परन्तु वे आपको सिवा एक कौतूहल से अधिक नहीं लेते। आस्ट्रेलियन कवि थामस शेपकाट, जोकि अपेक्षाकृत वयोवृद्ध तथा गम्भीर व्यक्ति हैं, भी भारतीय साहित्य के बारे में लगभग शून्य थे। तब भला चर्चाएँ मात्र 'गुडी' 'गुडी' ही हो सकती हैं।

बाल्कन पहाड़ियों की ढलान पर दौड़ती-भागती सड़क से हम लोग नौम-मठ पहुँचे। पूरे समय न तो झील अदृश्य हुई और न ही पहाड़ियाँ। निश्चित ही ओखरी झील का महत्त्व इस क्षेत्र के लिए बहुत ही महत्त्व का होगा। झील क्या है, समुद्र है और वह भी मीठा। नौम-मठ सामने की पहाड़ी पर था। उसका स्वरूप ही दूर से बतला रहा था कि यह प्राचीन स्थापत्य का है। भारत में जैसे जमींदारों की हवेलियों के खपरैलों वाले परकोटे होते थे और उनमें एक बड़ा-सा प्राचीन ढंग का दरवाजा था। बुदिमका ने बताया कि मठ हम लोग

यहाँ से चलने के पूर्व जाएँगे, अभी तो पिकनिक हमारा रास्ता देख रही है। पिकनिक-स्थल और सड़क के बीच एक पतली-सी नदी बह रही थी और उस पर पटियों का कामचलाऊ पुल जैसा था। नदी का पानी एकदम बिल्लौरी था। छोटी-छोटी मछलियाँ चमकते हुए, फुदकते हुए तैर रही थीं। जल में डूबी सेवार, पत्थर सब स्पष्ट दिखलाई दे रहे थे। मुझे बताया गया कि यह वही ट्रिम है जो स्त्रूगा में है। ऐसा लगा कि बेचारी इस मासूम नदी को बाल्कन पहाड़ियों ने बाहर जाने का कोई मार्ग नहीं दिया इसलिए यह झील और पहाड़ियों के बीच ही चक्कर काटती है। जो हो परन्तु सघन बनाती सौन्दर्य और ट्रिम की माधवी जलाशयता ने स्थान को अद्भुत शान्ति और रम्यता दे रखी थी। मुझे कुछ-कुछ चित्रकूट की रम्यता और मन्दाकिनी की ध्‍वलता स्मरण हो आयी। यहाँ ट्रिम लगभग वृत्ताकार बहने के फलस्वरूप बीच की धरती प्रायद्वीप हो जाती है। इसी प्रायद्वीप पर पिकनिक का आयोजन था। इस स्थल का चुनाव अपने आप में गहरी सौन्दर्य दृष्टि का परिचायक था। यहाँ एक छोटा-सा रेस्तराँ भी है। जो लोग मठ देखने आते होंगे वे अल्पाहार के लिए प्रायः आते होंगे और यह रेस्तराँ इसी कारण से यहाँ है। रेस्तराँ के सामने खूब बड़ा-सा मैदान था। सिरे पर जहाँ ट्रिम घूमती होती है पेड़ों की सघन छतनार छाया कतारबद्ध खड़ी है। मैदान में पचासों टेबल-कुर्सियाँ लगी हुई थीं। पेड़ों के पास आर्केस्ट्रा बजानेवाले बैठे हुए थे। दाहिने हाथ कोने में शराब के तीन ड्रम टोंटियोवाले रखे थे। लोग अपनी-अपनी सुविधा और पसन्दगी के साथ टेबलें चुन रहे थे। वैसे पूरे मैदान पर ही पेड़ों की छाया थी, लेकिन फिर भी धूप के चकत्ते आ जाते थे। धूप उतनी सुहानी नहीं थी क्योंकि अगस्त कोई ठण्डा महीना नहीं होता। यह बात अलग है कि वर्षा हो जाए तो ठण्ड का आभास होने लगता था, जैसा कि अन्तिम तीन-चार दिनों में हुआ। हाँ, आकाश की नीलिमा देखते ही बनती थी। वस्तुतः मुझे इसकी कोई चिन्ता ही नहीं करनी थी कि कहाँ बैठना है, क्या करना है। बुदिमका ने आर्केस्ट्रा की ओर सिरे वाली टेबल पर बैठना पसन्द किया, जहाँ उसके अन्य परिचित भी थे। उनमें से शायद सभी युगोस्लाविया के थे इसलिए वे अँग्रेजी नहीं जानते थे इसलिए आदान-प्रदान के लिए हमारे पास रह-रहकर सिवा मुसकराने के और कुछ नहीं था। या बहुत हुआ तो कोई बात बुदिमका मुझे अँग्रेजी में बता देती कि लोग

मेरी भारतीय भूषा की प्रशंसा कर रहे हैं या कल जो गोष्ठी में कविता पढ़ी थी वह पसन्द की गयी। मैं भी आभार प्रकट कर देता था। सबके बैठते ही आर्केस्ट्रा ने धुन बजानी शुरू की। मुझे आशा थी कि अब पश्चिमी संगीत होगा, जो मुझे प्रिय नहीं है इसलिए मैं इस स्थिति के लिए मानसिक रूप से तैयार था लेकिन आशा के सर्वथा विपरीत जो धुनें एक के बाद एक बजीं उन्होंने मुझे भीतर तक मथ डाला। यह पहला अवसर था जब मुझे पश्चिमी धुन मेरी भारतीय रुचि को गहरे तक छू रही थी। सब कुछ के बाद भी ऐसा लग रहा था जैसे कोई भारतीय धुन ही बज रही है। ऐसी लयात्मकता, स्वरों का बन्धान सब मुझे संगीतमय लग रहा था। उस प्राकृतिक दृश्य में ऐसा मनोरम संगीत मुझे न जाने किस देश, किस काल, किस मार्मिकता में बहाये ले जा रहा था। बहुत पहले के वैष्णव मन्दिरों की ठाकुर जी की वनयात्रा का दृश्य अपनी सारी पवित्रता के साथ वहाँ उपस्थित हो उठा था। सच तो यह है कि उस संगीत ने मुझे पूरी तरह कृतार्थ ही नहीं किया बल्कि उपकृत भी। जब थोड़ी देर बाद गायन आरम्भ हुआ तो एक झटका जरूर लगा क्योंकि वह मुझे उतना मार्मिक नहीं लग रहा था। गायिका के गाने में भी प्रदर्शन का भाव ज्यादा था। तभी दर्शकों में से एक महाशय ने उस गायिका के साथ युगल रूप में गाना आरम्भ किया तो लोग धीरे-धीरे नृत्य करने के लिए उठने लगे। थोड़ी ही देर में वह सामूहिक नृत्य इतना तन्मय करने लगा जैसे रासोत्सव मैं पहली बार देख रहा हूँ। एक श्रीकृष्ण और एक गोपिका के क्रम में वृत्त। यही क्रम यहाँ भी था और नृत्य अपने सारे लालित्य और उद्दाम भाव में सम्पन्न होने लगा। लोग इस बीच खाना खा चुके थे। यहाँ मदिरा भोजन के पूर्व, भोजन के साथ तथा भोजनोपरान्त भी अनवरत पी जाती है। मुझे तो सीमित ही भोजन करना था। टेबल के दूसरे लोग आश्चर्य कर रहे थे कि मैं मांस नहीं खाता और केवल जरा-सा भोजन ही करता हूँ। जबकि वहाँ एक से एक बढ़िया मांसाहार उपलब्ध था। बुदिमका ने बड़े आग्रह के साथ मुझे एक पैग लाकर दिया कि यह शराब युगोस्लाविया की प्रेस्टीजियस है। यदि मुझे बहुत आपत्ति न हो तो कम से कम आज के दिन इसे लेकर उत्सव में सम्मिलित होऊँ। मैंने यही उचित समझा कि न लेने का अर्थ एक सीन खड़ा करना है और शायद बुदिमका भी आहत ही होती। साथ ही मैं सर्वथा 'टी-टोटलर' भी नहीं

हूँ। बस, नहीं लेता हूँ, केवल स्वास्थ्य की दृष्टि से। अतः मैंने उसे बता दिया कि यदि दूसरे पैग का आग्रह नहीं किया जाएगा तो मैं इसे ले लूँगा और वह मान गयी। इस बीच अधिकांश लोग नाचने पहुँच गये थे। नृत्य क्या था, एक लय थी जिसमें लोग डूबते-उतराते गोल में चक्रायित थे, पर उन्मुक्त। न जाने किस देश की महिला और न जाने किस देश का पुरुष—हाथ में हाथ डाले या और भी तरह से नृत्य में लीन थे। संगीत और नृत्य की यह माधवी मुझे न जाने किस देश और काल की माधुरी में भावातीत बना रही थी। लगभग सभी लोग नृत्य कर रहे थे। नृत्य का क्रम क्रमशः बढ़ते-बढ़ते आधे से ज्यादा मैदान में रत था। अँग्रेजी कवि रिचर्ड बर्न्स को तो देखते ही बनता था। उसकी पत्नी न जाने कहाँ, किस व्यक्ति के साथ नृत्यरत थी और बर्न्स अपनी चार-छह माह की बच्ची को एक हाथ में थामे पूरे तन्मयता से ताल और लय में नृत्य कर रहा था। बुदिमका भी इतनी तन्मय नाच रही थी कि उसे शायद अपना देहभाव भी स्मरण नहीं रह गया था। अकेला मैं ही एक दर्शक था तो उस पैग को लम्बा ही करता जा रहा था जिसे एक घूँट में लोग पी लेते हैं। जब धूप मुझपर तेज होने लगती तो मैं अपनी कुर्सी छाया में कर लेता था। वैसे तो सभी नृत्य कर रहे थे, सभी अपने को भूलकर भी नृत्यरत थे पर कुछ वास्तव में नृत्य करते हुए अप्रतिम लग रहे थे। जिधर शराब की बॉटल्स रखी थीं उधर एक युवती चमड़े के लम्बे बूटों और नीची स्कर्ट्स में जिस प्रकार नृत्य कर रही थी वह उसे दर्प की प्रतिमा बनाये दे रही थी। उसके आकन्ध लम्बे लाल बाल तथा अपने स्त्री होने की प्रतीति वाले व्यक्तित्व से वह सर्वथा विशिष्ट लग रही थी। वह बार-बार नये व्यक्ति के साथ जिस प्रकार नाच रही थी उसमें वह उपकार करती लग रही थी। इसी प्रकार एक प्रौढ़ा और थी जो अपने कद, वर्ण, भूषा और स्वत्व से अत्यन्त सम्भ्रान्त लग रही थी। वह जो भूषा धारे हुए थी वह बहुत अधिक रुचि-सम्पन्नता प्रकट कर रही थी। ऊपर ताम्र वर्ण की जैकेट जैसी चीज थी जिसके बड़े कालर हवा में उड़ते हुए बहुत खूबसूरत लग रहे थे। उसकी धारीदार स्कर्ट सचमुच ही अप्रतिम थी। उसकी गौर, पुष्ट मांसल पिण्डलियाँ तो एक चित्र के विषय जैसी लग रही थीं। वह मेरे बगल वाली टेबल पर ही भोजन के समय बैठी थी। तभी मैंने मार्क किया था कि उसके सुनहरे रेशमी बाल अपने बॉफकट में

उसके मुख को बहुत ही आकर्षण दे रहे थे। उसने कानों में सोने के दो बड़े बुन्दे तथा मैचिंग अंगूठी पहने हुए थी तथा गले में बड़े मोतियों की एक लड़ थी। उसकी सम्भ्रान्तता उसकी हर चीज से टपक रही थी। मुझे यह नृत्य-समारोह अपने में तिरोहित किये हुए था, साथ ही प्रकृति की रम्यता इससे भी अधिक अद्‌भुत थी। ट्रिम ने यहाँ तीन-चार मोड़ ले रखे थे। पानी पर कद्दावर पेड़ों का एक परिवार सटा खड़ा था जो धूप में निखर आया था। ट्रिम के हरे बिल्लौरी जल में पेड़ों की छायाएँ उतरी फैली हुई थीं। बहाव था जरूर, पर तेज नहीं था। पानी की छोटी-छोटी लहरें धूप में चमकती हुई पेड़ों में दुहरती चिलबिला रही थीं और पेड़ मौन खिलखिलाते लग रहे थे। जल की सतह पर कुछ बत्तखें और मुर्गाबियाँ तैर रही थीं। पता नहीं तिरते फेन में उन्हें खाने को क्या मिल जाता था। सारे दृश्य में काम्य ठण्डापन था जो जल और दृश्य को ही सुखद नहीं बना रहा था बल्कि आपको भी। मैं इस रमणीयता में खोया हुआ था कि मेरी बगलवाली टेबल पर, जो धारीदार स्कर्टवाली महिला थी और नाचते हुए और भी मार्मिक लग रही थी, वह धीरे-धीरे मेरी तरफ बढ़ी। मेरा ध्यान उस समय उस गायक की तरफ था जो अपने उत्साह में उस गायिका के साथ गा तो रहा था परन्तु स्वर ठीक से नहीं लगा पा रहा था, पर इसकी उसे कोई चिन्ता नहीं थी। सारे नाचने वाले व्यक्ति भी तो उन्मुक्तता से गा भी रहे थे और नाच भी। हालाँकि कुछ व्यक्ति होते हैं जो कुछ भी करें, हास्यास्पद ही लगते हैं। ऐसे ही दो-एक महाशय थे जिन्हें न तो ताल-लय का बोध था और न ही अंग-संचालन आता था परन्तु डूबकर वे भी नाच रहे थे। उन्हें दीन-दुनिया, किसी की भी कोई चिन्ता नहीं थी कि वे कैसा नाच रहे हैं और कोई देखनेवाला क्या कह रहा होगा। शायद आनन्द प्राप्ति के लिए दूसरे को भूलना जरूरी होता है, खैर। वह सम्भ्रान्त महिला मेरे पास आयी और बोली कि मैं यहाँ अकेला क्यों बैठा हूँ? मैंने कहा कि मुझे नाचना नहीं आता तो वह खिलखिलाने के स्तर तक हँसने जा ही रही थी कि बोली—तुम भारतीय होकर नाचना नहीं जानते? तुम्हारे देश का क्लासिकल डांस तो अद्‌भुत है और नाचने में करना कुछ नहीं होता है, बस लय-ताल को अपने को दे देना होता है बाकी का नृत्य-संगीत स्वयं ही करने लगता है। और वह कितने आत्मीय ढंग से तथा निःसंकोच भाव से मुझे बगल से थामे

नृत्य-वृत्त की ओर बढ़ी। मैं समझ गया कि हवा जब चलती है तो पेड़ को नृत्य करने के लिए क्या प्रयास करना होता है? नहीं, बस अपने को दे देना होता है और उस नृत्य-वृत्त में वह महिला मेरा हाथ थामे मुस्कराते हुए मुझे लय-ताल के प्रवाह में डालकर, पर हाथ थामे हुए, मुझे नृत्य करने के लिए वैसे ही छोड़ दिया जैसे बच्चे को जल में तैरने के लिए छोड़ दिया जाता है, पर हाथ थामे रहने की सतर्कता के साथ। जैसे ही दूरी पर बुदिमका ने मुझे नृत्य करते हुए देखा तो चिल्लायी—ओह, ग्रेट!! और नाचती हुई और दूसरी ओर का मेरा हाथ किसी से छुड़ाकर स्वयं गह लिया। दो-चार चक्कर लगाने के बाद दोनों ही महिलाओं को लगा कि मुझे बैठ जाना चाहिए और मैं मुक्त होकर उस ओर निकल आया जिधर रेस्तराँ था। रेस्तराँ के सामने जो खुला स्थान था वहाँ रेलिंग लगाकर डैक जैसा बना दिया गया था। इन रेलिंगों के बाहर एक पेड़ के नीचे एक बेंच थी, मैं उस पर आकर बैठ गया। पृष्ठभूमि नृत्य और संगीत था, जो अब क्रमशः अपने उतार पर आ रहा था। शायद बैरलें भी समाप्तप्राय हो रही थीं। लोग भी थोड़े-थोडे छिटकने लगे थे। केवल कुछ ही थे जो अभी भी उसी तन्मयता से नृत्यरत थे और इनमें बुदिमका भी एक थी। गैं नदी की ओर मुँह किये दृश्य में खोया हुआ था कि मैंने अपनी पीठ पर एक कोमल हाथ का स्पर्श अनुभव किया और आवाज भी—हलो, मैं तुम्हें हमेशा सबसे अलग-अलग ही देखती हूँ, ऐसा क्यों? और वह मेरे पास बहुत सहज बैठ गयी। यह ब्रेण्डा वॉकर थी। 'फारेस्ट बुक्स' नाम से एक गैर व्यावसायिक प्रकाशन चलाती है इंगलैण्ड में। पहले दिन जब इससे परिचय हुआ था बड़ी आत्मीयता लगी थी। उसने बिना किसी छल-छन्द के अपने प्रकाशन की अर्थव्यवस्था, सीमाएँ आदि के बारे में बता गयी थी। यह शायद गंगाप्रसाद 'विमल' की कोई कृति छाप रही थी। चूँकि वह हिन्दी साहित्य से थोड़ी परिचित थी, इसलिए वह मुझसे थोड़ी निकटता अनुभव करती थी। मैं नहीं समझता कि ब्रेण्डा की आयु 25/26 से अधिक की होगी। अपने गौर वर्ण और भूषा के बावजूद वह मुझे पहले दिन भी अँग्रेज नहीं लगी थी। उसके सारे व्यक्तित्व में एक ऐसी अव्यक्त मधुरिमा थी जो शायद पश्चिमी महिला में दुर्लभ ही है। उसके सारे व्यवहार में निश्छलता के साथ-साथ बड़ी ही निर्दोष कमनीयता भी थी। उसके गुड़ियों जैसे सुन्दर मुख में उसकी दन्तपंक्ति बड़ी ही

सुहावनी लगती थी। वह इस समय सफेद फ्रिलवाली भूषा पहने हुए थी जैसीकि एलिस पहनती रही होगी। वह इस समय और भी बच्ची लग रही थी। थोड़ी देर इंगलैण्ड के बारे में बातें होती रहीं। रह-रहकर उसका भी ध्यान नदी, वृक्ष, तीसरे प्रहर की जाती धूप, तिरती बत्तखों-मुर्गाबियों की ओर जा रहा था। हमारी बेंच के एकदम नीचे ट्रिम बह रही थी। उसने कहा कि मैं पैर धोना चाहती हूँ। भला मुझे क्या और क्यों आपत्ति हो सकती थी। उसने जूते-मोजे खोले और जल को पहले एक पैर से छुआ और बोली—अपना हाथ देना। और पहले पैर के बाद जब दूसरा पैर भी उस स्फटिक जैसे जल में डाला। ट्रिम की लहरों के उठने-गिरने के साथ ब्रेण्डा के दोनों पैर भी जल में डूबे-भीगे और भी अधिक सजीव लग रहे थे बल्कि कहीं-न-कहीं शैतान जैसे। ब्रेण्डा मेरी दोनों जाँघों पर अपने हाथ रख मेरी ओर पीठ किये पानी में छप-छप करती उल्लसित थी। सच, और मुझे अपनी बेटी बुलबुल का स्मरण हो आया। मुझे बुरी तरह संकोच था जबकि वह अलभ्य शमा-सी अभिव्यक्त हो रही थी। वैसे ट्रिम में किनारे पर गहरा जल नहीं था फिर भी उसकी पिण्डलियाँ तक भीग रही थीं। वह उसी सहज भाव से मेरा सहारा लेकर जल से बाहर निकली और जिस भाव से, ढंग से आयी थी वैसे ही चली भी गयी।

लोग नृत्य से अब थक चुके थे। आर्केस्ट्रा और गायन भी बन्द हो गया था। शायद बुदिमका विवशता में ही मेरी ओर आ रही होगी। उसे देखकर कहा जा सकता था कि वह देह से सम्भव है थकी होगी पर मन से नहीं। आते ही उसने कहा कि वह कॉफी पीना चाहती है—टर्किश कॉफी। टर्किश कॉफी के नाम से मुझे दहशत होने लगती थी। टर्किश कॉफी का मतलब काला-कड़वा लपसी जैसा पेय। पर यह तो मेरी धारणा थी जबकि यहाँ यह बहुत ही लोकप्रिय पेय है। मैं भला क्या कहता? उठकर रेस्तराँ की नयी ओर की रेलिंग से सटे हम लोग बैठ गये। शायद पहली बार बुदिमका को यहाँ की प्रकृति, नदी, सौन्दर्य को देखने की ओर ध्यान गया था। बुदिमका की कठिनाई यह है कि वह सब कुछ कहे बिना नहीं रह सकती इसलिए उसका होना एक शोर भी लगता है पर निर्दोष। अभी हम लोग कॉफी पी ही रहे थे कि एक तन्वंगी युवती हमारी टेबल पर आकर बैठ गयी। उसने बुदिमका से कुछ कहा जिसे उसने मुझे बताया कि यह टेलीविजन और रेडियो के लिए अभ्यागत कवियों का इण्टरव्यू

ले रही है। मेरा भी इण्टरव्यू लेना चाहती है। यासना नोवाकोविच बेलग्रेड रहती है। जहाँ तक जासना के वर्ण का प्रश्न था तो उसे मटमैला गोरा ही कहा जाएगा। वह काली पतली फ्रेम का चश्मा पहने हुए थी, जो उसे बिना कहे भी पेशे से पत्रकार या ऐसा ही कुछ आसानी से समझा जा सकता था। वह एक छोटा-सा टेप रेकार्डर कन्धे पर टाँगे हुए थी तथा गले में आँकड़े जैसा माइक्रोफोन लटका था। मैंने उससे जब थोड़े रूखे ढंग से कहा कि पूछिए, जो पूछना है, तो वह थोड़ी हतप्रभ हुई। उसकी समझ में नहीं आ रहा था कि वह मुझसे क्या और कैसे पूछे। उसने फिर स्थानीय भाषा में बुदिमका से कुछ कहा। मुझे लगा कि जासना बुदिमका की सहायता चाह रही है। इस बार मैंने उसे थोड़े ध्यान से देखा तो मुझे उसकी आयु, स्वत्व सबको देखकर अपने पर हल्का क्रोध हुआ कि मुझे यासना से अधिक मनुष्यता के साथ व्यवहार करना चाहिए। अतः जब दुबारा वह प्रश्न पूछने पर आयी तो मैंने काफी आत्मीयता से उसे उत्तर दिये। मेरे उत्तर देने के ढंग पर वह भिन्न प्रकार से हतप्रभ लगी। पूछने पर मालूम हुआ कि वह तो मात्र चार-पाँच मिनट का ही इण्टरव्यू चाहती है पर उसे लग रहा है कि वह विस्तार से मेरा साक्षात्कार ले और उसने करीब आध घण्टे तक साहित्य, भारत, दर्शन आदि के बारे में प्रश्न पूछे। सबसे दिलचस्प प्रश्न था कि भारतीय प्रेम की कविताओं में और पश्चिमी प्रेम की कविताओं में मूलभूत क्या कोई अन्तर है? यदि है तो वह क्या है? इस प्रश्न की चर्चा में मुख्य बात यह आयी कि भारतीय प्रेम-काव्य में एक अतिरिक्त आयाम भी है, जो शायद पश्चिमी कविता में नहीं है, और वह आयाम शृंगार का है। यह शब्द और इसका रूमानी यश केवल यासना के लिए ही अपरिचित या चौंकानेवाला नहीं था बल्कि पश्चिम मात्र इस अवधारणा से अपरिचित है। स्त्री-पुरुष के बीच की इस माधवता को भारत ने जिस प्रकार की रचनात्मकता दी, उसकी कल्पना जब हमारे देश के मुस्लिम समुदाय को भी नहीं है तब भला एशिया या यूरोप किसी दूसरी जाति या समुदाय को क्या हो सकती है। अन्य सारे समाज, उनकी कलात्मक अवधारणाएँ स्त्री-पुरुष के बीच के मिथुनत्व पर जाकर दस्तक देकर रह जाती हैं जबकि भारत में श्रीमद्भागवत, गीत-गोविन्द, ब्रज का सारा शृंगार-काव्य प्रेम की इस माधवी से ओतप्रोत है इसीलिए प्रेम, देहभाव का उल्लंघन करके

लीलाभाव में परिणत हुआ है। जब मैंने इस परिप्रेक्ष्य में शृंगार की व्याख्या की तो यासना अभिभूत रह गयी। उसने कितना चाहा और कहा कि वह युगोस्लाविया की सर्वाधिक मान्य साहित्यिक पत्रिका (जिसका कि नाम मुझे याद नहीं हो पाया) के लिए वह इस विषय पर खासतौर से विस्तार से साक्षात्कार लेना चाहती है। हालाँकि उसे आज शाम ही बेलग्रेड लौट जाना था। उसका विचार था कि मैं जब 30 तारीख को बेलग्रेड में रहूँगा तब वह प्रयास करेगी कि वह ऐसा कर सके परन्तु न तो उसे वहाँ के मेरे होटल के बारे में पता चल सका होगा और न ही उस दिन की तेज वर्षा तथा हिमानी हवाओं ने उसे मुझ तक आने दिया होगा। जो हो, उसे उतने से ही सन्तुष्ट हो जाना चाहिए और सम्भव है वह हो भी गयी होगी। बेलग्रेड के मौसम की दुर्दान्तता से मैं वैसे बराबर यह कामना करता रहा कि यासना न ही आए तो ठीक है क्योंकि ऐसा मौसम घर में बने रहने के लिए जितना सुखद होता है, बाहर निकलने के लिए उतना ही कष्टदायी होता है।

यासना ने जिस शालीनता से विदा ली, उसने उसे देह से अधिक व्यक्तित्व से सुन्दर बना दिया। मुझे लगा मैं एक बहुत ही प्यारी-सी कोयल के मिठास से विदा ले रहा हूँ। उसके जाने के बाद बुदिमका के साथ नौम मठ जाना हुआ। इस बीच लोग अपना-अपना झुण्ड बनाये मठ देखने जा रहे थे। मठ क्या था जैसे प्राचीन जमींदार की कोई हवेली हो। वैसा ही बड़ा फाटक और बीच में खुला आँगन। वस्तुतः यहाँ देखने को तो विशेष कुछ नहीं था पर इसका ऐतिहासिक महत्त्व तो था ही। कभी ईसाई पादरी आदि यहाँ रहा करते थे और ईश्वराधना किया करते थे। इस मठ का गढ़ीपन बतला रहा था कि यह उन दिनों सुरक्षा-स्थल होगा। पास ही में मुसलिम देश अल्बानिया है तो दूसरी ओर तुर्किस्तान भी बहुत दूर नहीं है। दोनों ओर मुसलमानों का दबाव इन पर रहा होगा। बुदिमका ने इस बारे में जो थोड़ा-बहुत बताया उससे मुझे आश्चर्य नहीं हुआ कि हमने अपने देश में इस धर्म की प्रचण्डता को कहीं ज्यादा सहा है। हम लोग टहलते हुए झील की ओर के परकोटे की ओर निकल आये। इस ऊँचाई से झील का विस्तार और पहाड़ियों की शृंखला दूर तक दिखलाई दे रही थी। इस प्रहर में प्रायः दृश्य धुन्ध में हो जाते हैं। वैसे धूप कोई ज्यादा सुखद नहीं थी पर अब तीसरे प्रहर की अन्तिम

तिरछी धूप थी इसलिए असहनीय थी। सारा दृश्य एक तैलचित्र-सा लग रहा था। प्रकृति कितने निस्पृह और असंग भाव से अकलंक सुन्दर होती है। उसे अपने सौन्दर्य के लिए किसी की प्रशंसा या उपस्थिति की कोई अपेक्षा नहीं होती इसलिए वह शाश्वत है। यहाँ का मठ भी अब राष्ट्रीय स्मारक है इसलिए राजकीय देखरेख के कारण अपने सारे बूढ़ेपन में भी सँभला हुआ है।

अब आज का यह वन-भोज का, रासोत्सव का सारा आयोजन समाप्त हो रहा था। लोग नहीं जानते कि दिशा बदल जाने पर रास्ता, दृश्य-क्रम सब बदला-बदला सा लगने लगता है। जो दायें था अब वह बायें हो जाता है। जिसे सामने से देखा था अब वह पीछे से देखने पर पहचान में नहीं आता। उस समय धूप के खुलेपन में हाथ कैसे उजागर लगते थे और इस समय की संकोची, शीलवान धूप में हाथ भी कैसे डूबे-डूबे लग रहे थे। झील किनारे उगी नरकुल जैसी घास, जल में डूबे कंकड़-पत्थर कैसे आपके साथ दूर-दूर तक चले आते हैं कि क्या हमें भूल जाओगे? क्या याद रखने के लिए यह विस्तृत झील, ये बाल्कन पहाड़ियाँ ही हैं और हमारी अस्मिता नहीं? क्या कभी भी, किसी भी प्रसंग में, किसी दिन हमारी यह एकान्त माधुरी स्मरण नहीं आएगी? सन्ध्याकालीन हवा के झोंकों में झील किनारे की प्रलाब घासें ऐसे हिल रही थीं जैसे हवाएँ इन पर बैठने का उपक्रम करती हैं और घासों के झुक जाने के कारण गिर-गिर पड़ती हैं। उस सारे प्रशान्त विस्तार में खड़ी बाल्कन पहाड़ियाँ ऐसी लग रही थीं जैसे सिकन्दर कालीन इतिहास की खिलखिलाहट को समय ने बाद में एक लम्बे मौन का रूप देकर सीमा पर खड़ा कर दिया हो। एकान्त बस्तियाँ, अकेले घर, सुरम्य होटल सब अपने में मानवीय चहल-पहल लिये रास्ता छोड़कर खड़े थे। घरों की स्त्रियाँ अपने बगीचों और किचन गार्डन में एप्रन बाँधे फलों की और सब्जियों की देखरेख कर रही थीं। किसी भी देश के आकाश के नीचे खड़ा मनुष्य हाथ में हल-हँसिया लिये कितना अप्रतिम लगता है। लौटने में करीब 6.30 बज गये। बुदिमका मुझे होटल के पोर्च में छोड़कर शाम वाले समापन-समारोह के लिए तैयार होने के लिए चली गयी।

स्त्रूगा के ड्रिम होटल में चौथे माले पर मेरा कमरा 405 नम्बर

का था और 406 में क्यूबा के कवि लोपेज लेमुस ठहरे हुए थे। लेमुस को देखते ही निस्संकोच उन्हें भारतीय मूल का कहा जा सकता था। मुझे उनमें कुछ-कुछ श्री मुकुन्द लाठ की झलक दिखाई दी। बहुत ही शालीन व्यक्ति थे। हम दोनों एक-दूसरे को काफी पसन्द भी करते थे पर कठिनाई भाषा की थी। उन्हें केवल फ्रेंच और स्पेनिश ही आती थी जबकि मुझे केवल अँग्रेजी। कई बार मैंने मार्क किया कि वह बातें करने के लिए कितने उत्सुक हैं परन्तु दुभाषियों की निहायत कमी के कारण वह फ्रेंच में कुछ शब्द कहते तो उन्हें आशा होती थी कि इतनी फ्रेंच तो मैं समझ ही लूँगा और बदले में जब मैं अंग्रेजी बोलता तो वह मेरा मुँह ताकने लगते। फिर भी हम प्रायः साथ रहे और बिना भाषा के भी अपनी आत्मीयता ज्ञापित कर ही लेते थे। मैं जब समापन-समारोह के लिए धोती-कुरते और शाल में तैयार होकर निकला तो वह भी अपना कमरा बन्द कर रहे थे। पता नहीं फ्रेंच में उन्होंने क्या कहा, पर स्वर, हाथ का फैलाना और विस्तृत आँखों में जिस तरह वह मेरी ओर आये, उससे यह तो लग गया कि उन्हें मेरी यह भारतीय-भूषा बहुत भायी है। कमरे से लिफ्ट तक की लम्बी गैलरी में लेमुस मुझे बारम्बार देखे जा रहे थे और बहुत खुश हो रहे थे। मुझे दूसरे दिन की वे महिलाएँ याद आ गयीं जिन्होंने मुझे सफारी-सूट के स्थान पर धोती-कुरता पहनवाकर ही माना था। पहले दिन के समारोह में भी मैं धोती-कुरते में ही गया था और मैंने मार्क किया कि सारे लोगों का ध्यान मेरी इस भूषा की ओर ही था। चूँकि उस दिन मैं बिल के साथ बीच ही में उठ आया था, इसलिए कोई नहीं मिला वर्ना समारोह समाप्ति के बाद निश्चित ही प्रशंसा में लोगों ने मेरा कचूमर ही बना दिया होता। पश्चिम में जिस उन्मुक्त भाव से प्रशंसा की जाती है वह स्पृहणीय है। हम भारतीय प्रशंसा के समय भी बड़े हिसाबी-किताबीपन से ही व्यवहार करते हैं।

वैसे तो सभारम्भ का कार्यक्रम भी काफी गरिमापूर्ण होता है। काव्य-भवन के बड़े से हाल में अपार भीड़ के समाने विशाल मंच पर बाहर के आये आधे कवि इस दिन काव्य-पाठ करते हैं और शेष आधे समापन-समारोह में। समापन-समारोह की भव्यता उसके खुलेपन में है। ओखरी झील से तत्काल निकली ड्रिम पर से एक सड़क गुजरती है और उस पर एक पुल है। वैसे तो आगे जाकर ड्रिम पर

काठ के तथा दूसरी तरह के और भी सुन्दर-सुन्दर पुल बने हुए हैं क्योंकि स्त्रूगा की आबादी का अच्छा-खासा हिस्सा नदी के दोनों किनारों पर बड़े ही रम्य भाव से बसा हुआ है। भारत की तरह यहाँ भी सड़क और पुल शाम से ही आयोजन के लिए घेर लिये जाते हैं। पता नहीं उस स्थिति में तब यातायात किस वैकल्पिक मार्ग से होता होगा, पर निश्चित ही कोई विकल्प होगा ही। बड़े से मंच की पृष्ठभूमि में कई लिपियों में 'पोएट्री' लिखा हुआ बड़ा-सा प्लेकार्ड खड़ा होता है और उसे बत्तियों से खूब सजा दिया जाता है। प्रकाश इतना ज्यादा होता है कि दर्शक चाहे आपको देख रहे हों पर आप चौंधियाये रहते हैं। इस मंच के पीछे की ओर झील होती है तथा सामने की ओर दोनों बाजुओं में सड़क पर बैठे लोग तथा दोनों किनारों पर हजारों लोग काव्य-पाठ तथा स्वर्णमाल-प्रदान का आयोजन देखने के लिए बैठे होते हैं। चूँकि कवियों की संख्या इतनी अधिक होती है तथा उनकी कविताओं के वहाँ की भाषा में अनुवाद भी पढ़े जाते हैं इसलिए एक प्रकार से संख्या दुगुनी हो जाती है फलतः आयोजक आपसे प्रार्थना करते हैं कि आप यदि चार-पाँच मिनट की ही कोई रचना पढ़ें तो सुविधा होगी। मंच पर केन्द्र में स्वर्णमाल विजेता कवि बैठाया जाता है और उसके पास संस्था का आयोजक, जो अध्यक्ष या मन्त्री कोई हो सकता है। मैंने यहाँ किसी भी कार्यक्रम में आयोजकों को विशेष भाषण देते कभी नहीं देखा सुना। सिवा मुद्दे की बात दो-चार मिनट में कही और अलग। मंच-संचालन जो सज्जन कर रहे थे, वास्तव में उस व्यक्ति की आवाज अद्भुत रूप में मन्द गम्भीर थी। कोने की कुर्सियों पर दो-पुरुष और दो महिला अनुवादक थे। कवियों में सबसे पहले स्वर्णमाल विजेता कवि काव्य पाठ करता है। सचमुच उन्होंने चार मिनट में ही अपना पाठ समाप्त किया और हमें सामने की ओर देर तक तालियों की गड़गड़ाहट सुनायी, जब उसका अनुवाद श्रोताओं ने सुना। पता नहीं कवियों को बुलाने का क्रम उनका क्या था, पर सब व्यवस्थित था। मैं दूसरी पंक्ति में बैठा था। मेरे पास अमरीकी कवयित्री हेंड बैठी थी तथा बायीं ओर इतालवी कवि गेलानो लोंगों बैठे थे। हालाँकि लोंगों तो बिलकुल भी सिगरेट नहीं पी रहे थे पर हेंड जरूर पी रही थी। लेकिन जब उसने मुझे परेशान देखा तो अपनी सिगरेट बुझा दी। मैं हेंड के प्रति आभारी हुआ लेकिन आगे-पीछे कुछ महाशय इतने अधिक और

इस ढंग से सिगरेट पी रहे थे कि धुएँ के मारे साँस लेना कठिन हो रहा था। बेचारी हेंड ने अपने पास बैठे व्यक्ति को बार-बार देखकर यह अभिव्यक्त करना चाहा कि इससे असुविधा हो रही है परन्तु पीनेवाले महाशय अपने में ही लीन थे। सभी जगह मंचों की एक जैसी ही व्यवस्था होती है कि विकल्पों की कोई जगह नहीं होती। मैंने चाहा भी कि पीछे की ओर जो दो-एक खाली कुर्सियाँ हैं वहाँ जाकर बैठ जाऊँ परन्तु बीच में फँसा था, निकलना सम्भव ही नहीं था और फिर इतनी लम्बी कतार को लाँघकर जाने में कार्यक्रम में भी बाधा पड़ती। वैसे ठीक मेरे पीछे की पंक्ति में एक सीट खाली भी हुई पर मैं वहाँ भी नहीं जा सकता था और अपनी खाँसी पर किसी प्रकार काबू पाता बैठा रहा। मुझे भय यह था कि यदि खाँसी का यही हाल रहा तो मैं काव्य-पाठ कैसे कर पाऊँगा। हालाँकि मैं दवाई तथा लौंग लिये हुए था। काव्य-पाठ पर अधिकांश कवि शान्त भाव से जाते और पाठ कर आते थे। जैसाकि मैंने कहा कि इस प्रकार के कार्यक्रम की कमी यह होती है कि न आप मूल भाषा जान रहे होते हैं और न उसका अनुवाद। आप केवल ध्वनि सुनते बैठे होते हैं। मलेशिया से शायद दो कवि आये थे। एक का नाम इस्माईल ज़मज़म, परन्तु दूसरे का नाम मैं ठीक से नहीं बता सकता क्योंकि कवियों की जो सूची हमें मिली थी, उसमें कई देशों के कवियों के नाम ही नहीं थे, जैसे मेरा ही नाम नहीं था। इसी प्रकार मलेशिया से आये दो कवि थे पर नाम तीन छपे थे। यह सूची भी ज्ञात हुआ कि कई किस्तों में टाइप होती रही और वितरित की जाती रही। अतः मलेशिया के जो दो और नाम—सुरलमान मरकासन तथा अहमद यूसुफ में से कौन आया था, नहीं जानता।

वैसे तो काव्य-पाठ का यह आयोजन अच्छा रहा। अधिकांश लोगों ने अवसरोचित गरिमा का ध्यान रखते हुए ही पढ़ा था। हाँ, कुछ कवियों ने अवश्य थोड़ी विषमता उत्पन्न की। विशेषकर मलेशिया के उस दूसरे कवि ने, जिसका नाम मैं भूल गया, लगभग हास्यास्पद स्थिति उत्पन्न कर दी। अन्तराष्ट्रीय काव्य-पाठ में भी 'हूटिंग' हो सकती है, इसे इन्हीं श्रीमान ने मूर्त किया। इसी प्रकार कुवैत के अरबी कवि याकूब यूसुफ अल सुबई ने भी अपने मुस्लिम होने का अहसास 'अस्सलाम वालेकुम' से लेकर अजान के ढंग पर काव्य-पाठ

के अन्दाज से किया। नहीं जानता उनका कट्टरपन कविता में था या नहीं। कारण जो भी रहा हो पर जैसा स्वागत, उत्साह पूर्ण, मैंने उस दिन अपने सन्दर्भ में पाया, वैसा तो शायद भारत में भी कभी नहीं मिला होगा। काव्य-पाठ के पूर्व तालियों से लोगों ने मुझे उत्साहित किया। जब उन्होंने अनुवाद सुन लिया तो मुझे लगा कि नदी के दोनों किनारों पर दूर तथा देर तक तालियाँ बजती रहीं और लोग 'इण्डिया' 'इण्डिया' का घोष करते रहे। निश्चित ही यह अभ्यर्थना मुझसे अधिक 'इण्डिया' को लेकर थी। मैं तो निमित्त भर था। उस क्षण मंच पर खड़े मुझे पहली बार लगा कि अपने देश का प्रतिनिधित्व करना कितना बड़ा आदर होता है तथा वह भी उत्तरदायित्वपूर्ण। और नहीं जानता कि मैंने इस दायित्व को अपने पूर्ववर्तियों की तुलना में कितना-कुछ निभाया या नहीं, पर मैंने अपनी ओर से चेष्टा अवश्य की। मैं उस क्षण मंच पर खड़ा सम्पूर्ण भारत था जिसमें हिमशिखरों से लेकर रामेश्वर-कन्याकुमारी तक का विस्तार, ऊर्ध्वता, पवित्रता, प्राचीनता का प्रतीक बिन्दु था और मेरी भाषा तथा कविता रामायण-महाभारत की अपौरुषेयता, कालिदास की सांस्कृतिक रम्यता, रवीन्द्र की अलभ्य भू माधुरी को व्यक्त करती उस रात वहाँ के निरभ्र आकाश के नीचे, झील की ओर से आती माधवी हवाओं की साक्षियों तथा महान ग्रीक परम्परा के वाहक इन मे सेडोनियन स्त्री-पुरुषों की उपस्थिति में विनम्र खड़ी थी। तालियों की अपार गड़गड़ाहट वस्तुतः मन्दार के श्वेत पुष्पों की माला और सुगन्ध बनकर मुझे आप्लावित किये थी। उस दिन मुझे अपना कवि होना सार्थक लगा। स्वर्णमाल वाला अन्तिम् कार्यक्रम जब समाप्त हो गया और मैं मंच से नीचे उतरा, मुझे भीड़ ने घेर लिया और अपने पश्चिमी पारम्परिक ढंग से चुम्बनों से, आलिंगनों से लाद दिया। इस प्रगाढ़ आत्मीयता में मेरे सारे भारतीय संस्कार, व्यवहार की मान्यताएँ सब ढह गयीं। काव्य और काव्य का सम्बोधन क्या सच ही इतना चमत्कारिक होता है? शायद हम भारतीय न अपनी अभिव्यक्ति, न आचरण, किसी में भी तो सहज या उन्मुक्त नहीं होते। एक ऐसा मिथ्यात्व, नैतिकता, परम्परा आदि के नाम पर ओढ़े रहते हैं कि हमारा वास्तविक स्वत्व, अभिव्यक्ति सभी कुछ इन आडम्बरों, मान्यताओं में दबा रहता है। हमने पश्चिम की उन्मुक्तता को यदि कुछ ग्रहण भी किया है तो यह इतना उच्छृंखल स्वरूप है कि उससे जुगुप्सा होती है। हमने

अपनी आधुनिकता, अपनी उन्मुक्तता का कोई स्वरूप परिकल्पित नहीं किया फलतः यदि हम पारम्परिक भारतीय पद्धति को अप्रासंगिक समझते हैं तो हमारा आधुनिक स्वरूप, व्यवहार और आचरण भी तो हमें अपने सांस्कृतिक परिवेश से समरस नहीं बनाता। हम अपने आधुनिक की भूमिका में कहीं अधिक विदूषक लगते हैं बनिस्बत पारम्परिक स्वरूप के। और इसकी प्रतीति भारत में उतनी नहीं होती जितनी कि पश्चिम परिवेश में उभरकर आती है।

दिन में दो-एक बार झील किनारे घूमा हूँ। झील की भाषा, माधवी, सबको अपने भीतर अनुभव भी किया है। धूप में लगता, हिल्लोलता झील का जल जब तेज सपाटे भरती हवाओं के साथ दूर से लपकता आता दिखता है तो आपको स्पेनी साँड़ का गुर्राता हुआ लपकना याद आने लगता है। पर जब किनारे पहुँचकर वही हुलसता जल, झील नहीं उलाँघता बल्कि ठण्डी हवाओं का चीनांशुक बनकर आपको घेर लेता है तब वह स्पर्श, स्वाद की माधुरी, स्पर्श की कमनीयता और सम्भोग की सी तृप्ति देकर देखते-देखते आपके पीछे की ओर खड़ी बाल्कन पहाड़ियों पर किसी ग्रीक वीर की लपकता चढ़ रहा होता है। लगता है ये बाल्कन पहाड़ियाँ ही कभी ग्रीक सेनाएँ थीं जो झील के इस माया जादू को लाँघ न पायीं और जड़ बन गयीं। एक अजीब सम्मोहन था सारे दृश्य में। उस दिन बेल्ग्रेड से ओहरिड आते समय विमान से मेघ-सागर की तलहटी में, नीचे, सुदूर में प्रकम्पित लहरियों वाला जल झाँका तो पता चला कि यह ओखरी झील है, जो संसार की, प्राचीनतम झीलों में से एक है तथा उतनी ही प्रशस्त एवं गहरी।

समापन-समारोह के बाद कुछ लोगों के साथ हम लोग झील की ओर निकल आये। झील का जल जहाँ नदी बनता है वहाँ तक दोनों ओर पुश्त जैसी पक्की दीवार बनी है। लोग सन्ध्या समय प्रायः इसी दीवार पर टहलते होते हैं। यह दीवार जहाँ घुमाव लेती है वहाँ की गोलाई में एक बुर्जीपन है, जहाँ बैठना, जहाज के डेक पर बैठना जैसा लगता है। मुझे शायद समय का अन्दाज नहीं था। इसी बुर्जी पर हम तीन-चार लोग बैठे रहे। बुदिमका उन लोगों से अपनी भाषा में न जाने क्या-क्या बातें करती रही। कभी-कभी उसके हावभाव से लगता कि मुझे लेकर भी थोड़ी चर्चा हो जाती है। ऐसी चर्चा के समय बुदिमका जब उन्हें जवाब दे रही होती उस वक्त उसमें एक

अजीब प्रकार का काव्यात्म, मुस्कराता, आवेलित लगता। मैं सोचता कि यह किस अभिभावकीय अन्दाज में मेरे बारे में या मेरी ओर से बातें कर रही है, सम्भव है जवाब भी दे रही हो। वह जिस प्रकार बातें कर रही होती उसमें लगता कि जैसे मैं उसे अनायास सड़क किनारे मिल गया हूँ और मुझे देखकर लोग उससे तरह-तरह की जिज्ञासाएँ कर रहे हैं और वह निःसंकोच जवाब भी दे लेती है।

दिन में दूर की बस्तियों का आपको कोई अहसास नहीं हो पाता परन्तु अन्धकार के बढ़ने के साथ ही दूरियों में बत्तियों की पंक्तियाँ, झालरें खिल उठती हैं। खासकर तब और भी रोमांचक लगता है जब कोई बताए कि वो जो दूरी पर धुँधली रोशनी का झुण्ड है न, वह अलबानिया है। क्षितिज की रेख प्रकाश की रेखा में लिखा सर्वथा दूसरा देश, जहाँ वैसे जाने के लिए वीसा की आवश्यकता होती है पर आप वीसा की बाधा को पार करके कम-से-कम उस प्रदेश के प्रकाश को तो देख ही रहे होते हैं। बाल्कन पहाड़ियों पर भी लिखे प्रकाश का यह सिलसिला रात को कितना मोहक बना देता है न? गहराती रात के साथ झील भी औंघाती लग रही थी। शायद इस निस्तब्धता में मेरे और बुदिमका के आसपास तो कोई और नहीं था। मौसम में सर्दीपन का आभास था। बुदिमका की जिज्ञासाओं का कोई अन्त नहीं था कि भारत कैसा है, लोग कैसे हैं, से लेकर दुनिया-जहान के बारे में वह जानना चाहती है। होटल के डाइनिंग-हॉल के झाड़-फानूसों की रोशनियाँ लकदका रही थीं। अभी जो थोड़ी देर पहले तक कन्सर्ट की आवाज आ रही थी, वह कब शेष होनी थी, पता ही नहीं चला। हमें लगा कि शायद रात आधी के नजदीक पहुँच रही है अतः चलना चाहिए, और हम दोनों उठे।

होटल पहुँचकर मैंने उसे पोर्च से विदा करना चाहा पर वह बोली कि वह मुझसे कुछ कविताएँ सुनना चाहती है क्योंकि कल सवेरे के बाद तो सब कुछ अलविदा हो जाना है। मुझे थोड़ा संकोच हुआ पर वह निःसंकोच मेरे कमरे तक आयी। हमने पाया कि आसपास के कमरों में भी लोग खूब हँस-बोल रहे थे और आज भी इस अन्तिम रात्रि को पूरी तरह स्मरणीय बना लेना चाहते थे। कमरे में पहुँच मैंने उससे आग्रह किया कि पहले वह अपनी कविता सुनाए पर वह

तैयार नहीं हुई। उसने जो कारण बताया वह उचित ही था कि मैं उसकी भाषा नहीं समझ सकूँगा और वह उसका अनुवाद नहीं कर पाएगी। हार कर तब मैंने ही अंग्रेजी में कुछ कविताएँ सुनायीं। निश्चित ही रात का एक बज रहा था परन्तु जैसे उसे किसी बात की कोई चिन्ता ही नहीं थी। आखिरकार करीब डेढ़ बजे वह उठी और मैं उसे बिदा देने नीचे पोर्च तक आया। वह स्त्रूगा की निर्जन सड़कों पर एक दिन और इसी प्रकार अकेले गयी थी, तब भी मुझे खासी असुविधा हुई थी पर आज कुछ ज्यादा ही हो रही थी कि इस आत्मीय महिला के साथ क्या फिर कभी भेंट हो सकेगी? हालाँकि दूसरे दिन ही सवेरे जब मैं प्रिलेप के लिए बस में बैठने जा रहा था, वह भागी-भागी आयी और एक क्षण रुककर बड़े ही अपेक्षित रूप से चली गयी। शायद विदा की औपचारिकता में मैं हाथ नहीं हिला सका। विदा का यह अनपेक्षित स्वरूप क्या सायास था या अनायास ही ऐसा हुआ? बुदिमका, कई अर्थों में अत्यन्त साधारण-सी लगनेवाली नारी कैसे सहज बनकर, बिना किसी अपेक्षा के आपके निकट आती है, कुछ चिन्ता जैसी भी करती है। थोड़ा-बहुत अपने को कहकर कैसे निष्प्रयास अपने को सहेजकर लौटा कर भी ले जाती है। इस पूरी यात्रा का जब भी स्मरण होता है तब मध्य यूरोप की यह ग्रामीण जैसी लगनेवाली स्त्री कैसे आपकी ओर देखती, मुस्कराती होती है, जैसे कालवृक्ष में खिला कोई सूर्यमुखी का बड़ा-सा फूल हो।

28 अगस्त '89

आज से वापसी की यात्रा शुरू होनी थी। इस समारोह के आयोजकों ने बाहर से आये कवियों को आठ-दस विभिन्न शहरों में काव्य-पाठ

आदि के लिए छितरा दिये। मुझे प्रिलेप और स्कोपिया जाना था। मेरे साथ रूसी, मलेशियायी, बेल्जियम और रूमानियन कवि थे। प्रिलेप, स्त्रूगा से करीब 110 किलोमीटर की दूरी पर है। पहले मेरा टिकट स्त्रूगा से बेलग्रेड के लिए था पर अब उसी टिकिट पर मैं स्कोपिया से उड़ान लूँगा और समय से 30 को बेलग्रेड पहुँच जाऊँगा ताकि दुबई की उड़ान 30 की रात में ले सकूँ। हम कुल मिलाकर सात-आठ व्यक्ति ही थे फिर भी पूरी बस जा रही थी। जब मैं बस में चढ़ रहा था तब बुदिमका आयी जरूर थी पर वह हठात् दिखी और फिर गायब हो गयी। ठीक है उसे स्कोपिया जाना था। हो सकता है उसकी बस छूट रही होगी और उसे अनायास चला जाना पड़ा। अपनी बस के चलने तक मुझे उसकी निश्चित ही प्रतीक्षा थी ताकि उससे सार्थक रूप से विदा ले सकूँ पर वह न ही दिखी और न आयी। स्त्रूगा से चलते हमें 9.30 तो बज ही गया था और हम लोग प्रिलेप करीब 12 बजे पहुँचे। सड़कें इतनी विस्तृत, सुखद और साफ होती हैं, इसे भारत में समझा ही नहीं जा सकता। आने और जाने की तिहरी सड़कें दोनों ओर। भारी से भारी ट्रक, लारियाँ, बसें, कारें मगर क्या मजाल तो णो हार्न देना पड़े या रास्ता न मिले या 'ओवरटेक' में कोई तकलीफ या गफलत हो। यदि बीच जंगल में भी आपकी गाड़ी खराब हो गयी है तो भी आप अपनी तीनों सड़कों को छोड़कर एक तरफ पटरी पर उतारकर ही गाड़ी खड़ी करेंगे। तभी तो बसें तक 120, 140 किलोमीटर प्रतिघण्टा से आसानी से भागती हैं। भारत की तरह यहाँ मौसम अतिरंजित रूप में नहीं है फलतः प्रकृति और प्राकृतिक व्यापार में भी सन्तुलन ही मिलता है। नतीजा यह होता है कि नदियाँ हैं, जो वर्ष भर नदियाँ रहती हैं। जंगल भी अपनी आरण्यक मनोरमता सर्वथा नहीं खोते। गर्मी होती है पर पत्ती तक नहीं झुलसती। पूरे रास्ते बाल्कन पहाड़ियों के पर्वतीपन, आरण्यक माधवी, तम्बाकू के खेतों और सेब के बगीचों के बीच से यात्रा बड़ी सुखद रही। प्रकृति की सुरम्यता के साथ मनुष्य ने सड़कों, सुरंगों और ब्रिजों तथा फ्लाई ओवरों की इतनी सम्यक चूल बैठायी है कि प्रकृति की सुषमा भी आहत नहीं होती और मनुष्य के द्वारा निर्मित चीजों का हस्तक्षेप भी नहीं लगता। दोनों एक-दूसरे की प्रतिपूरक तो हैं ही, साथ ही सन्तुलित भी करती हैं।

कई दिनों बाद मेरे सामने फिर वही आधारभूत कठिनाई आयी

कि साथ चल रहे कवियों में से किसी से सिवा मामूली परिचय के और किसी भी प्रकार की आत्मीयता नहीं थी। शायद मैं ठीक से उनके न नाम ही जानता था और न उनके देशों का पता था। हाँ, मलेशियाई एक कवि इस्माईल ज़मज़म से बहुत ही साधारण-सा परिचय था। गत तीन-चार दिनों में बुदिमका के कारण स्त्रूगा में अपरिचय की स्थिति दूर-दूर तक छँट गयी थी बल्कि एक प्रकार की सहजता, आत्मीयता आ गयी थी लेकिन आज फिर अपने में सिकुड़ा बैठा था। बेल्जियम के दो कवि थे। वस्तुतः एक तो देवी जी थीं, जो पेरिस में रहती थीं और दूसरे जो कवि महाशय थे, वे टिपिकल यूरोपीय सैलानियों जैसे फक्कड़ थे और जिन्हें आसानी से खिलाड़ी तो समझा जा सकता था, पर साहित्यकार तो वह कहीं से नहीं लगते थे। रूमानियन कवि की शेक्सपीयर पर काफी अच्छी कविता मैं सुन चुका था पर व्यक्तित्व और बातों से वह कारटून ज्यादा लगते थे। किसी भी प्रकार की लेखकीय भूषा मुझे नजर नहीं आयी जबकि बेल्जियम के कवि, जो कि खिलाड़ी जैसे लगते थे, बाद में बहुत ही बढ़िया व्यक्ति निकले। वस्तुतः पश्चिम के कई नाम ऐसे होते हैं जिन्हें अपनी वर्तनी में लिखना एक प्रकार से असम्भव लगता है। यही हाल इनके उच्चारण के समय भी होता है। इसलिए सुखद अधूरे नामों से ही काम चला लिया जाता है। इधर जिस बेल्जियम की कवयित्री की चर्चा आयी, जो कि पेरिस में रहती हैं; उनका सुखद नाम 'एनी' है। मेरा ख्याल है कि बाहर से आयी सभी महिला लेखिकाओं में तो निश्चित ही यह अत्यन्त सौम्य और सम्भ्रान्त थी। बल्कि कहा जा सकता था कि पुरुषों में भी विरल ही होंगे जिनका व्यक्तित्व इतना प्रभावकारी होगा। वैसे एनी में किसी भी प्रकार की कोई न तो आक्रमकता ही थी और न 'एयर्स' ही थे, बल्कि बहुत ही निरभिमानी थी। शायद यही कारण था कि स्त्रूगा की भीड़ में एनी को या तो देखा ही नहीं या फिर ध्यान ही नहीं गया। प्रायः तो स्त्रियाँ किसी-न-किसी कारण से पुरुषों का ध्यान आकृष्ट करवा ही लेती हैं—भूषा, मुद्रा आदि से परन्तु एनी अत्यन्त शान्त प्रकृति की थी। हालाँकि प्रिलेप में कुल अठारह-बीस घण्टों का साथ था, उसमें भी रात का समय तो निकाल ही दिया जाए, तब भी इतने अल्प समय में एनी ने काफी गहरा प्रभाव डाला।

प्रिलेप में होटल पहुँचने के पूर्व हमें वहाँ के पुस्तकालय में ले

जाया गया। पुस्तकालय के बाहर पक्के आँगन में यहाँ के किसी प्राचीन लेखक की बड़ी-सी संगमरमर की प्रतिमा थी। क्या ऐसा सम्मान किसी लेखक का हमारे देश में सम्भव है? पुस्तकालय के अधिकारियों ने हमारा स्वागत ठण्डे पेयजल से करने के उपरान्त सारा पुस्तकालय दिखाया। वैसे तो साम्यवादी देशों के प्रकाशन का स्तर वैसे ही अच्छा है पर सबसे प्रभावशाली था बाल-पुस्तकों का प्रकाशन। सच में ये लोग अपने बच्चों के विकास, ज्ञान आदि के बारे में कितने सुचिन्तित रूप से काम करते हैं। मैं नहीं समझता कि ऐसा एक भी प्रकाशन हमारे यहाँ होता है। नेशनल बुक ट्रस्ट की बच्चों की किताबें स्वयं ही बचकानी होती हैं, तब भला उनसे बच्चों का क्या भला होना है? हाँ, इन संस्थाओं का अहं भले ही तुष्ट हो जाता हो। पुस्तकालय के बाद हमें उस स्थान पर ले जाया गया जो कि द्वितीय विश्व-युद्ध का स्मारक है। यह थोड़ी ऊँचाई पर है। यहाँ पहुँचने पर एक सज्जन फूलों की टहनियाँ लिये हमारे लिए प्रतीक्षित मिले। काफी सीढ़ियाँ चढ़नी थीं। एक बार मैंने सोचा भी कि मैं न जाऊँ, कष्ट होगा, लेकिन फिर साहस किया। अलबत्ता मैं धीरे-धीरे चढ़ते हुए काफी पीछे छूट गया। साँस भी भर आयी थी। मैं रुकते-रुकते किसी प्रकार चढ़ रहा था। तभी बेल्जियम कवि विली ने ऊपर से देखा कि मुझे चढ़ने में कष्ट हो रहा है तो वह लपकते हुए नीचे आये। मैंने लाख कहा कि मैं आ रहा हूँ, चिन्ता न करें पर मेरा हाथ थामे खिलाड़ी जैसे व्यक्तित्व के विली की आँखों में मानवीयता की जैसी गहराई मुझे उस दिन दिखी, समझ गया कि यही विली को लेखक बनाती है। बातों-ही-बातों में उसने मुझसे मेरी आयु पूछी और जब मैंने 68 वर्ष बतायी तो वह अवाक् रह गया और बोला कि मेरे पिता की भी तो बिल्कुल यही आयु है और इसके बाद तो वह अत्यधिक सतर्कता से मेरा हाथ थामे मुझे लिवा ले जा रहा था जैसे वह किसी अलभ्य फूल का गमला थामे ऊपर चढ़ रहा है। वस्तुतः वह मुझे पिता का ही सम्मान दे रहा था।

स्मारक क्या था, कुछ खम्भे खड़े किये हुए थे जिनमें मेढ़ों की आकृति का आभास था। कुछ प्राचीन, कुछ अर्वाचीन वास्तुकला का मिश्रण था। शायद खम्भे संगमरमर के थे। इससे थोड़ा हटकर एक अर्धचन्द्राकार दीवार थी। यह दीवार उन अनाम विदेशी सैनिकों की याद में थी जो यहाँ उत्सर्गित हुए। जब हम लौटे तो एक युवा

महिला प्राम में छत्री के नीचे लेटी अपनी बेटी के लिए बोतल में दूध बनाती सीढ़ियों पर बैठी थी। स्मारक के इस वातावरण में बच्ची को दूध पिलाना भीतर तक उतर गया। आठ-दस अफसर सैनिकों के काले वस्त्र भी थोड़े हटकर पेड़ों की छाया में बने हुए थे। और हम होटल पहुँचे। प्रिलेप वैसे कोई बड़ी जगह तो नहीं थी पर स्त्रूगा से अवश्य बड़ी थी। हमें जो सज्जन यहाँ आतिथेय के रूप में प्राप्त हुए थे, शाम सात बजे तक विश्राम को कहकर चले गये और हम लोग तब विश्राम के लिए अपने-अपने कमरों में चले गये। होटल की खिड़की से मैं बाहर का दृश्य देखता रहा। पश्चिम की जीवन-पद्धति भारत से सर्वथा भिन्न है। क्या दूकानें, क्या बाजार, क्या लोग सबके आपसी व्यवहार और आचरण में उतना अन्तराल नहीं है जितना कि भारत में होगा। यहाँ मैंने कहीं भी किसी को भी न तो भीख माँगते देखा और न ही किसी शो-केस के सामने रिरियाई मुद्रा में। ऐसा नहीं कि आर्थिक वैषम्य नहीं होगा परन्तु किसी का व्यक्तित्व दारिद्र्यपूर्ण नहीं दिखा। होटल की पीछे की खिड़की से एक लम्बी-चौड़ी टैरेस दिख रही थी। जिस पर ढेर सारी टेबल-कुर्सियाँ लगायी जा रही थीं। दूसरे दिन सवेरे जब फिर देखा था तो समझ में आ गया कि यह टैरेस ओपन, रेस्तराँ था। पेड़ों की लम्बी चली गयी कतार और आते-जाते लोग, वाहन सब कितने व्यवस्थित और धुले-पुँछे थे। अनुशासन तो देखते ही बनता था। बिना सिग्नल मिले पैदल यात्री भी सड़क पार नहीं करते, भले ही उस समय कोई वाहन न भी आ रहा हो।

वस्तुतः दिन में स्मारक देखते समय ही एनी से थोड़ा परिचय हुआ था। शाम को सात बजे जब मैं नीचे लाउंज में पहुँचा तो खाली लाउंज के सोफे पर एनी अकेली बैठी दिखी। हमने प्रति अभिवादन किया। मैंने चूँकि अभी चाय नहीं पी थी इसलिए औपचारिकतावश एनी से चाय के लिए पूछा तो लगा कि जैसे वह भी चाय पीने के लिए साथ ढूँढ़ रही थी। हम दोनों अब साथ वाले रेस्तराँ में गये। शायद यही एकमात्र और प्रथम एक-दूसरे को जानना था। मैंने तब उसकी मुखाकृति की ओर ध्यान दिया। गालों में पीछे की ओर दो हल्के खाल पड़ते थे। इस कारण लगा कि एनी चालीस से कम की नहीं हो सकती। वैसे भी उसका वर्ण तो कुन्दन ही था पर थोड़ा निष्प्रभ था। यद्यपि बाल, मुख की गोलाई तथा छोटापन बड़ा ही

गुड़ियापन लिये हुए था। भूषा भी साधारण ही थी, किसी प्रकार का भी कोई तड़क-भड़कपन नहीं था। निश्चित ही साधारण मध्यवर्ग की ही थी, हालाँकि उसके पिता कभी राजदूत रहे हैं। पता नहीं उसके अपने परिवार की क्या स्थिति थी। लेकिन कुल मिलाकर विषाद का हल्का-सा छींटा उसके व्यक्तित्व में था जो उसे और अधिक मार्मिक बनाता था। सच तो यह है कि हम लोगों ने सिवा व्यर्थ की या कहें कि फिजूल की ही बातें कीं। सम्भव है ऐसा संकोचवश ही हुआ हो परन्तु कुल मिलाकर वह समय मिठास भरा ही गुज़रा। तभी विली महाशय अपनी परिचित खिलाड़ी भूषा और मुद्रा में नामूद हुए। उसे देखते ही एनी की आँखों में, व्यक्तित्व में हल्की आभा आ गयी। उसे देखते हुए कहा जा सकता है कि एनी अपने दिनों में निश्चित ही सुन्दरी रही होगी। उन दोनों ने अपनी भाषा में थोड़ी देर बातें कीं परन्तु तभी इस अशिष्टता के लिए क्षमा भी माँग ली। सच भाषा-प्रेम क्या होता है, इसे हम भारतीय जानते ही नहीं। इस बीच लाउंज में मलेशियायी, रूमानियन कवि आ चुके थे तथा स्थानीय आतिथेय महाशय भी। किसी ने बताया कि अब केवल रूसी कवि रीमा कज़ाकोवा की प्रतीक्षा है। वह शायद मार्केटिंग करने चली गयी थीं। तभी वह लौटीं। उनके हाथ के थैले में दो बोतलें थीं, तो क्या यह इन्हें ही खरीदने गयी थीं? खैर!

होटल से केवल दो चौराहे पार वह पुस्तकालय था जहाँ हम आते ही गये थे और इस समय हमारा काव्य-पाठ मूर्ति के निकट खुले में ही होना था। यह एक प्रकार का नुक्कड़ काव्य-पाठ जैसा था। आने-जाने वाले लोगों ने जब कुछ कुर्सियाँ, माइक तथा विदेशी लोग देखे तो उत्सुकतावश खड़े भी हो गये। पता नहीं माइक पर लोगों से क्या कहा गया पर लगा कि इस काव्य-पाठ की जैसे सूचना दी जा रही है और कुछ ही देर में करीब दो सौ लोग जमा भी हो गये। हमें एक-एक कविता पढ़नी थी। मैंने मण्डेला पर लिखी वाली कविता पढ़ी। इसी प्रकार सबने पढ़ी और करीब आध घण्टे में सारा कार्यक्रम समाप्त हो गया। जब कविताओं के अनुवाद पढ़े जाते थे तब कुछ लोग तालियाँ बजा देते थे वर्ना तो मूक भाव से सब सुनते रहे। कार्यक्रम की समाप्ति के बाद रीमा कज़ाकोवा ने विदा ली। उसकी उड़ान यहीं से थी। बाकी के हम लोग प्रिलेप के बाजार, भीड़ देखने निकले। पश्चिम की यह प्रवृत्ति अनुकरणीय है कि स्वयं ही

आनन्द नहीं मनाते बल्कि उतने ही निर्विघ्न भाव से आपको भी मनाने देते हैं। किसी की आँखों या भाव तक में किसी दूसरे के लिए किसी भी प्रकार की कोई टीका-टिप्पणी नहीं होगी कि सामनेवाला क्यों, कैसे और किसलिए इस प्रकार आनन्दित हो रहा है। जो कुछ है, उन्मुक्त है। निःसन्देह बाजारों, पार्कों, फुटपाथों सभी दूर आपको भीड़ मिलेगी—हाथ में हाथ डाले, चुइंगम खाते या आइसक्रीम थामे। मतलब सब अपने-अपने ढंग से शाम की पिकनिक को आकण्ठ भोगते दिखेंगे और किसी से किसी को व्यर्थ का कोई सरोकार भी नहीं होगा। हम लोगों ने बाजार का एक छोटा-सा चक्कर लगाया और अपने होटल पहुँचे।

लाउंज से सटे रेस्तराँ में ही एनी, विली और मलेशियायी कवि भोजन करने के लिए पहुँचे। विली इस बीच मेरे वेजीटेरियन होने की बात जान चुके थे इसलिए बैरा को उन्होंने अपनी ओर से काफी-कुछ समझा दिया। समस्या सिर्फ मेरे खाने की ही थी। इस बीच थोड़ी देर के लिए बिजली चली गयी। कुछ ही देर में मोमबत्तियाँ आ गयीं। उस दबे-दबे प्रकाश में रेस्तराँ कुछ ज्यादा प्रभावी लग रहा था। बल्कि कहना चाहिए कि विली अपनी वाग्विदग्धता से वातावरण जीवन्त बनाये हुए था। आखिकार, केवल बिजली ही नहीं आयी बल्कि भोजन भी आया। मुझे तले आलुओं पर ही सन्तोष करना पड़ा। एनी और विली को थोड़ी असुविधा हुई कि वे लोग तो 'डिश' खाएँगे और मुझे आलुओं पर ही सन्तोष करना पड़ेगा। मलेशियायी कवि महोदय 'बीफ' देखते ही टूट पड़े थे। उन्हें धार्मिक कारणों से 'पोर्क' से परहेज था वर्ना वह उसे भी खा सकते थे। जो हो, खाना तो निमित्त था पर साथ बैठने का सुख तो था ही।

कल सवेरे मैं और मलेशियायी कवि तो स्कोपिया के लिए रवाना हो जाएँगे और विली तथा एनी वापस स्त्रूगा लौट जाएँगे। मलेशियायी कवि महोदय दो-एक दिन स्कोपिया रुककर इंगलैण्ड जाने वाले थे। तात्पर्य यह कि स्त्रूगा काव्य-समारोह के हम लोग समापन पर पहुँच रहे थे। रेस्तराँ में पूरे समय ऐसा लगता रहा कि एनी के पास चाहे काव्य या साहित्य के बारे में चर्चा करने में भले ही विशेष रुचि न हो पर मानवीर्य स्तर पर कहने-सुनने को उसके पास कथ्य और धैर्य दोनों ही हैं। स्त्री, चाहे किसी भी देश, सभ्यता,

संस्कृति या काल की हो अजीब धैर्यमूर्ति होती है। उसे शायद किसी भी बात की कोई जल्दी नहीं होती। वह अपने ही ढंग से व्यवहार करेगी—बड़ा ही ढीलाढाला। और सही भी है नारी को तैयार होने में खासा समय जो लगता है इसलिए वह अधिकांश समय स्वत्व और विचार दोनों से श्लाध्य बनी रहती है। एनी भी पता नहीं चलने देती थी कि वह पेरिस के अपने अपार्टमेण्ट की गैलरी में बैठी है या फिर प्रिलेप के इस अनजानेपन में। वह तो बस है। यहाँ है तो क्या और कहीं अन्यत्र है तो क्या? वह किसी के लिए नहीं होती है। वह तो केवल स्वयं है। आप हैं, तो दुआ करें। क्या इसलिए वह अपना होना न होने दे क्या? बड़ा ही माधुरी भाव था एनी के व्यक्तित्व में। सीढ़ियाँ चढ़कर जब सब अपने-अपने कमरों की ओर बढ़े तथा रात्रि-विदा माँगने लगे तो एनी एक क्षण को ठिठकी, जैसे 'गुड नाइट' के अलावा भी कोई वाक्य उसमें है जिसे वह ओठों तक तो ले आयी है पर समझ नहीं पा रही है कि कहे या न कहे। कई बार ऐसे में व्यक्ति स्वयं ही वाक्य बन जाया करता है, जो कहा तो नहीं गया पर आप तक सम्प्रेषित अवश्य हुआ।

सवेरा क्या था, जैसे किसी राजकीय एल्बम में लगा कोई क्लासिकीय चित्र हो। होटल के इस पहले तल्ले में डायनिंग-हाल था, जहाँ हम लोगों ने सवेरे की चाय और नाश्ता लिया। वैसे तो प्रिलेप एक प्रादेशिक कस्बा ही है पर उस दृष्टि से यहाँ का यह होटल काफी अच्छा ही कहा जाएगा। इसका रख-रखाव भी ठीक ही था। वस्तुतः डाइनिंग-हाल कुल मिलाकर किसी 'बैंक्वेट' हाल से कम नहीं लग रहा था। श्वेत झाड़-फानूसों की लम्बी चली गयी दुहरी कतार, बहुत ही करीने से टेबल-कुर्सी की व्यवस्था पारदर्शी शीशे की दीवारों पर झालरदार सफेद पर्दे तथा सबसे अधिक प्रभावशाली वहाँ की निरभ्र शान्ति और इस निरभ्रता में प्रातःकालीन खिली लिली के फूल-सी एनी, बड़ी ही अप्रतिम लग रही थी। उसका वह अकेला बैठना उसे नायिकात्व दे रहा था। उस डाइनिंग-हॉल में 'बैंक्वेट' जैसे हाल को इसी प्रकार का गरिमापूर्ण बैठा हुआ किसी नारी का अकेलापन बहुत भर सकता था। जैसे ही मैंने हाल का दरवाजा ठेला और भीतर पहुँचा तो मुझे लगा कि जैसे किसी एकान्त झील के जलों की माधुरी में यह अनपेक्षित हस्तक्षेप है, पर मैं विवश था। मुझे देख एनी ने स्वागत में मुस्कराया। हम लोगों का मुस्कराना कुछ तो भाषा बनी

ही—गुड-मार्निंग। एनी ने बताया कि वह कल ओहरिड से उड़ान लेगी और बेओग्राद दो दिन रुकेगी और तब रोम होते हुए पेरिस लौटेगी। उसने पेरिस का अपना पता दिया ताकि अगर कभी पेरिस आऊँ तो अवश्य मिलूँ। न जाने क्यों उसके व्यक्तित्व के जल में जैसे अनेक परछाइयाँ डूबी हुई हैं और जो कि एनी को सारे समय घेरे रहती हैं। क्या सच ही? क्या मेरा अनुमान सही होगा? क्या इसका उसकी कविताओं पर असर नहीं पड़ा होगा? काश मैं बेल्जियम की भाषा जानता होता तो कुछ अनुमान हो जाता कि एनी क्या है। न जाने क्यों ऐसा लगने लगा था कि एनी एक चरित्र है जिसे अपने लेखक और उपन्यास की तलाश है। लेकिन मैं यह सब अतिरिक्त तो नहीं सोच रहा हूँ उस महिला के बारे में जो इस समय मेरे सामने कितनी निश्चिन्त बैठी हुई है। इस बीच केवल नाश्ता ही नहीं आया बल्कि विली भी जाँघिये और टी-शर्ट की भूषा तथा कन्धे के झोले के साथ यात्री-रूम में आ गये।

वैसे पूरी औपचारिता के साथ तो हम लोग एक-दूसरे से विदा नहीं हुए पर स्त्रूगा जानेवाली कार में बैठी हुई एनी जैसे अपनी व्यक्तित्व के सारे डैने और पंजे सिकोड़े बैठी है बल्कि किसी सीमा तक आँखें चुराते भाव से भी, लेकिन क्यों? मुझे ऐसा क्यों लग रहा था कि जैसे हमारे दोनों के पास बहुत-कुछ कहना-सुनना तो शेष ही रह गया। लेकिन क्या सच ही? अथवा यह मेरा मात्र भ्रम था? यदि इन दो दिनों में एनी को न जाना होता तो क्या हानि हो जाती? या जाना तो क्या हुआ? लेकिन क्या जीवन हिसाब का नाम है कि कितनी रोकड़ मिली और कितनी गँवायी? जब मैं स्कोपिया के लिए कार में बैठ रहा था तो अनायास मेरी दृष्टि एनी की कार की ओर गयी। वह यद्यपि दूसरी ओर देख रही थी परन्तु मुझे ऐसा लग रहा था कि दूसरी ओर देखते हुए भी कहीं मुझे ही तो नहीं देख रही थी? और आखिरकार दो विपरीत दिशाओं में हमारी कारें चल पड़ीं। चूँकि यहाँ कारें खासे ऊपर ही चलती हैं इसलिए कार में भी विमान की तरह पेटियाँ कसनी होती हैं। और जब मैं अपनी पेटी कस रहा था तो लगा कि कहीं ऐसा तो नहीं कि एनी ने अपनी पेटी न कसी हो परन्तु विली जैसे सतर्क व्यक्ति के साथ में होने पर एनी के भूल जाने पर भी विली ने याद तो करवा ही दिया होगा और एनी ने भी पेटी कस ली होगी।

स्कोपिया की यह कार-यात्रा एक प्रकार से अन्तिम जैसी ही थी। मेरे पास पीछे की सीट पर मलेशियायी कवि महाशय सूट पहने बैठे थे। पूरे रास्ते शायद ही हम लोग कुछ बोले होंगे। चूँकि रास्ता पर्वतीय तथा रमणीक था तथा कार काफी रफ्तार से चल रही थी इसलिए यात्रा सुखद भी रही। वैसे भी पूरे रास्ते मेघ तो रहे ही बल्कि कभी-कभी वृष्टि भी होती रही। जिस समय स्कोपिया पहुँचे अच्छी-खासी वर्षा थी। स्कोपिया काफी बड़ी जगह लग रही थी। यह प्रादेशिक राजधानी है। कार और उसके ड्राइवर महाशय का मात्र इतना ही दायित्व था कि हमें स्कोपिया में होटल तक पहुँचा दे और वही किया गया। यहाँ का होटल बड़ा ही कहा जाएगा। यहाँ एकाध मामूली से परिचित महाशय स्त्रूगा से आये हुए अगवानी के लिए थे। इन्होंने ही बताया कि यहाँ जो आयोजन होना था अब वह नहीं होगा और हम लोग स्वतन्त्र हैं यहाँ घूमने के लिए। यह महाशय हमें कमरे तक पहुँचा कर जो विदा हुए तो फिर नहीं दिखे। कुछ समझ नहीं आ रहा था कि सर्वथा नयी जगह में, अनजान लोगों से, भाषा-सम्प्रेषण की समस्या के साथ क्या किया जाए? खाने की समस्या का तो मैं आदी हो ही चुका था पर अब नितान्त अकेले ही उठने की नयी समस्या थी। यहाँ से कल सवेरे 5 बजे उड़ान थी। तब तक क्या किया जाए? मलेशियाई कवि तो शायद कुछ और कार्यक्रम के लिए भी आये हुए थे, सो वह गायब थे। तेज वृष्टि और ठण्डी हवा में अकेले कैसे कहाँ जाया जाए की समस्या थी। टैक्सी ली जा सकती थी पर उसे क्या बताया जाता? भाषा और स्थानीय मुद्रा की भी समस्या थी। साथ ही बिना किसी स्थानीय गाइड को लिये कहीं भी निकलना बुद्धिमानी नहीं होती अतः सिवा अपने कमरे में पड़े रहने तथा थोड़ी-बहुत चहलकदमी के और क्या किया ही जा सकता था? होटल की खिड़की से दूर तक बिछी सड़क, पेड़ों की कतारें और अट्टालिकाएँ बड़ी आमन्त्रण देती-सी लग रही थीं पर वर्षा और ठण्ड के कारण निकलना कठिन था और वह भी अकेले। दिन भर इस यात्रा के प्रारम्भिक नोट लिखता रहा और किसी तरह समय काटा। काउण्टर पर पूछा तो मालूम हुआ कि उड़ान के 70 मिनिट पूर्व विमान-बस आएगी। एक बात अच्छी यह हुई कि यहाँ सहसा स्त्रूगा की देस्विता नामक किशोरी मिल गयी और उसने सवेरे हवाई अड्डे तक ले जाने और पहुँचाने का जिम्मा जर्मन कवयत्री एमीता की पुत्री

सादिता को सौंप दिया। सादिता ने बड़ी सहायता की। एमीना ने अपना काव्य-संग्रह भेंट किया। हालाँकि मैंने बताया कि जर्मन नहीं जानता हूँ पर उसने अपनी बेटी के माध्यम से कहा कि फिर भी मैं इसे लूँ। शायद देस्पिता ने मेरी कुछ कविताओं को उसे बताया था इसलिए वह काफी प्रभावित लग रही थी। चूँकि मैं अब सर्वथा अकेला रह गया था इसलिए मानसिक असुविधा थी कि सवेरे जल्दी जागकर तैयार होना, फिर हवाई अड्डे पहुँचना आदि-आदि। रात में पता नहीं कमरे की बिजली-घड़ी ठीक से नहीं दिखी और मेरी घड़ी बन्द थी। मुझे लगा कि शायद पाँच बज गये हैं और मेरे होश फाख्ता हो गये क्योंकि पाँच बजे तो उड़ान का समय था। मैं भागकर सामान के साथ नीचे पहुँचा तो देखा कि चारों ओर सन्नाटा है। बार-रूम में एक सोफे पर कोई सो रहा है। काउण्टर वाले ने बताया कि अभी तो डेढ़ बजा है। मेरी जान में जान आयी। लेकिन मैंने वापस कमरे में जाने और सोने की चेष्टा करने के बजाय बार-रूम के सोफे पर ही टिके रहना ठीक समझा। बाहर वर्षा थी ही। मैंने दो स्वेटर निकाल लिये थे इसलिए सुखद लग रहा था। किसी तरह साढ़े तीन बजे जब सादिता अपने ब्वॉय-फ्रेण्ड और माँ के साथ दिखी तो राहत हुई। सादिता के ब्वॉय-फ्रेण्ड की सहायता से होटल से बस-स्टैण्ड तक सामान पहुँचाया। इस बीच वर्षा तो कम हो गयी थी लेकिन हवा तेज चल रही थी। दो स्वेटरों के बावजूद मैं ठण्ड से काँप रहा था। मैंने गलती यही की कि मफलर नहीं ले रखा था पर नेपकिन था जिसे सिर पर ले रखा था। सामान को भीगते हुए ही छोड़कर हम लोग सड़क पार के शेड में जाकर बस की प्रतीक्षा करते खड़े रहे। आखिरकार बस आयी। मैं समझता था कि हवाई-अड्डे की इस बस में किराया नहीं लगता होगा पर लगा जिसे सादिता ने चुकाया और हम लोग अड्डे पर पहुँचे। विमान पत्तन यहाँ काफी दूर है। मैंने अपना सामान सीधे दुबई के लिए बुक करवाया। साथ ही यहाँ यात्री-कर भी चुकाया था। मैंने अपने पास की सारी दीनार मुद्रा सामने कर दी तो मालूम हुआ कि यह तो कम है। अब मैं एक्सचेज काउण्टर पर कितने डालर तुड़वाऊँ? उधर उड़ान में बैठने की घोषणा हो रही थी। मैं उससे अँग्रेजी में पूछ रहा था और वह क्लर्क अँग्रेजी नहीं जानती थी। कुछ समझ में नहीं आ रहा था कि क्या किया जाए? तभी मुझे लाउंज के बाहर सादिता दिखी। मैंने उसे संकेत से

बुलाया। उसने किसी तरह अपने पास से पैसा दिया। बदले में मैंने उससे पूछा कि कितना लगा? वह ले नहीं रही थी पर आखिरकार मैंने दस डालर दिये और सुरक्षा-जाँच की ओर लपका क्योंकि अन्तिम घोषणा हो रही थी। यहाँ थोड़ी अप्रियता जरूर हुई, परन्तु किसी तरह भागकर विमान पर चढ़ा। विमान में कुछ यात्रियों के नाम लेकर अपना सामान नीचे जाकर चैक करवाने की घोषणा हुई। मैं भी उनमें था। पानी में भीगते हुए किसी तरह मुक्त हुआ। इस बीच दुर्घटना यह हुई कि क्यूबा वाले कवि महोदय का सामान स्कोपिया में ही रह गया और उड़ान चल पड़ी। बेओग्राद में जाकर मालूम हुआ कि उनका सामान तो स्कोपिया में ही छूट गया। बाद में पता नहीं उनके सामान का क्या हुआ क्योंकि इसके बाद तो हम लोग अलग ही हो गये। स्कोपिया में एक और दुर्घटना हुई थी। मलेशिया के दूसरे कवि महाशय, जो कि हमारे साथ नहीं थे, अपना पासपोर्ट खो दिया था सो खासी परेशानी हुई। अस्तु–विदेश में इसीलिए अपना पासपोर्ट, टिकट और पर्स सदा अपने पास ही होना चाहिए।

स्त्रूगा से चलते समय श्री स्तेयानोव ने आश्वासन दिया था कि वह बेओग्राद में मिलेंगे और उन्होंने अपने वचन का पालन भी किया। हवाई-अड्डे के लाउंज के दरवाजे पर ही वह अपनी परिचित मुस्कान के साथ खड़े दिखे तो ढाढ़स बँधा। यहाँ भी वर्षा और तेज हवा के कारण ठण्ड काफी बढ़ गयी थी। शहर जाने के लिए हम लोग बस में चढ़े कि तभी श्री स्तेयानोव को याद पड़ा कि उनका एक झोला कहीं छूट गया है। उसे लाने के लिए वह तेजी से उतरे और हमें वह बस छोड़नी पड़ी। उस झोले को ढूँढ़ने में उन्हें खासी परेशानी हुई पर वह एक काउण्टर पर मिला। किसी ने उसे वहाँ जमा करवा दिया था। उसमें खासा पैसा, कैमरा और सरकारी दस्तावेज भी थे। शायद इसीलिए स्तेयानोव काफी चिन्तित थे। जब वह मिल गया तो उन्हें राहत हुई। बेओग्राद में फिर होटल पार्क ही पहुँचे। इस बार मुझे सातवीं मंजिल पर कमरा नम्बर 704 मिला। पूरा दिन हमारे पास था क्योंकि उड़ान रात 11.30 बजे थी। उसकी पुष्टि भी कर ली गयी थी। स्तेयानोव चाहते थे कि यदि मैं भारतीय दूतावास से सम्पर्क स्थापित करूँ तो वह घूमने के लिए दूतावास का कोई वाहन दे देंगे। हालाँकि मैं बहुत आश्वस्त नहीं था फिर भी फोन किया गया और अत्यन्त उपेक्षा के साथ मना कर दिया गया। खैर,

किसी तरह हम सब दूसरे वाहन से बेओग्राद देखने निकले। वर्षा के कारण अपेक्षित घूमना सम्भव न हो सका। शाम को स्तेयानोव अपने घर ले गये। अनायास मुझसे एक भला कार्य यह हो गया कि मैं उनकी पत्नी के लिए शराब की एक बोतल लेता गया। हालाँकि स्तेयानोव का ही यह सुझाव था और अच्छा सुझाव था। स्तेयानोव स्वयं विधुर हैं। उनकी होने वाली पत्नी, जो कि वकील है तथा साथ ही रहती है, भी विधवा है। बहुत स्नेह से उन्होंने नाश्ता और कॉफी पिलायी। वह अँग्रेजी बिल्कुल नहीं जानतीं पर अपने पति के माध्यम से बातें करने को काफी उत्साहित लगीं। उन्हें भारत का पुनर्जन्म का सिद्धान्त बहुत आश्चर्यचकित करता है। असल में भाषा का व्यवधान न होता तो सम्भव था कुछ अधिक कहना-सुनना होता। वह देखने से ही युगोस्लावियन महिला लगती थी। काफी कद्दावर और जीवट की थीं। वैसे स्तेयानोव को कल सवेरे अपने ऑफिस के काम में व्यस्त हो जाना था अतः वह हवाई-अड्डे तक जाने के मूड में नहीं थे और मेरी कठिनाई यह थी कि इस अन्तिम यात्रा में फिर कोई समस्या आ गयी तो क्या होगा? सो, मैंने उनसे साथ चलने का निवेदन किया और वह मान भी गये। इस वर्षा, आँधी और ठण्ड में इतनी दूर हवाई-अड्डे जाना और फिर वहाँ से लौटना काफी कष्टपूर्ण तो था ही, पर उन्होंने अपनी शालीनता अन्त तक निभायी। जब वह सारी औपचारिकता पूरी करवाकर मुझे प्रतीक्षा लाउंज में पूर्ण सुरक्षित बैठा गये तथा किस ओर के गेट से जाना है, भी बतला गये तो मैं उनके इस सद्रूप के प्रति नतसिर ही हुआ।

प्रतीक्षा-लाउंज में अनेक यात्री थे। मेरे पास एक पाकिस्तानी मुसलमान बैठे थे जो दुबई होते हुए कराची जाने वाले थे। यह हजरत गुजराती मुसलमान थे। कभी बम्बई में रहे थे इसलिए भारत से उन्हें खासा लगाव था। बहुत ही सज्जन व्यक्ति निकले। वैसे तो उड़ान 11.30 की थी। लेकिन हम लोग 12.15 पर चले। मेरे पास की सीट पर कोई युवक था जिसने अपना कम्बल भी मुझे दे दिया था फलतः दो कम्बलों के टुकड़ों की सहायता से थोड़ा झपक सका। बेओग्राद से दुबई की उड़ान 4 घण्टे पचास मिनिट की थी। हम लोग सवेरे दुबई के समय से 7.30 बजे पहुँचे। चूँकि दुबई के यात्री अधिक नहीं थे इसलिए वीसा प्राप्त करने में कोई खास असुविधा नहीं हुई। लाउंज के बाहर शीशे की दीवार के पास से सुधीर और

बुलबुल गाइड कर रहे थे। उन्हें देखकर काफी ढाढ़स बँधा और किसी प्रकार मय सामान के साथ जब बेटी-दामाद के साथ खड़ा हुआ तो लगा कि मैं अब भी हूँ और अब चाहूँ तो थोड़ा निश्चिन्त हो सकता हूँ क्योंकि घर आ गया था। गत पन्द्रह दिनों जिस प्रकार का निरन्तर मानसिक तनाव रहा उसमें भीतर तक थकान आ गयी थी। इस बीच सुधीर गाड़ी लेने चले गये थे। सुधीर के आते ही हम लोग सर्राटे से दुबई की सड़कों पर भाग रहे थे।

□□□